中小学教育科研 成果库 建设与应用

ZHONGXIAOXUE JIAOYU KEYAN CHENGGUOKU

JIANSHE YU YINGYONG

■ 王真东 等 著

四川教育出版社

图书在版编目（CIP）数据

中小学教育科研成果库建设与应用／王真东等著.
— 成都：四川教育出版社，2024. 1

ISBN 978 - 7 - 5408 - 8809 - 1

Ⅰ. ①中…　Ⅱ. ①王…　Ⅲ. ①中小学教育—教育研究
—文集　Ⅳ. ①G632.0-53

中国国家版本馆 CIP 数据核字（2023）第 240186 号

中小学教育科研成果库建设与应用

ZHONGXIAOXUE JIAOYU KEYAN CHENGGUOKU JIANSHE YU YINGYONG

王真东　等　著

出 品 人　雷　华
责任编辑　李栩彤
责任校对　李萌芽
责任印制　田东洋
封面设计　⚫ 四川看熊猫杂志社
版式设计　四川胜翔数码印务设计有限公司
出版发行　四川教育出版社
　　地　　址　四川省成都市锦江区三色路238号新华之星A座
　　邮政编码　610023
　　网　　址　www.chuanjiaoshe.com
制　　作　四川胜翔数码印务设计有限公司
印　　刷　成都市锦慧彩印有限公司
版　　次　2024 年 1 月第 1 版
印　　次　2024 年 1 月第 1 次印刷
开　　本　710mm×1000mm　1/16
印　　张　14
字　　数　223 千
书　　号　ISBN 978 - 7 - 5408 - 8809 - 1
定　　价　58.00 元

如发现质量问题，请与本社联系。总编室电话：（028）86365120

序言

　　党的二十大站在实现中华民族伟大复兴的战略高度，对构建中国自主知识体系提出了明确的要求和任务。教育科学研究必须坚持把马克思主义基本原理同中国具体实际相结合、同中华优秀传统文化相结合。中华人民共和国成立以来我国教育科学研究的重大创新成果从根本上都是坚持了"两个结合"的结果，这是教育科学研究中国化、时代化的理论之源和思想之源。中华文明是世界上唯一自古延续至今、从未中断的文明。一部文明史就是一部思想史，也就是一部知识创新、积累和发展史。从这个意义上讲，求真和创新的教育科学研究，其成果直接体现为知识的增长和积累。通过教育科研成果库的建设，对教育科学研究成果进行分类、清理、加工、存储和传承，能促进教育发展与改革的智力资源开发与利用。

　　教育科研成果库的系统化和体系化建设，是一项开拓性、专业性、基础性的工程。《中小学教育科研成果库建设与应用》就是为这项具有挑战性的工程所规划的蓝图和行动路线图。作为一项具有重要意义的研究成果，本书面向各级教育科研管理机构的专业人员及相关技术人员，旨在探索教育实践知识的累积、传承和分享方式，为克服皮埃尔·布尔迪厄所说的"学究式谬误"，探索"实践的逻辑"提供了一种新的路径。本书是教育科学研究领域应有的思想启迪之书、技术提供之书、成果传播之书、创造激发之书，是当下中小学教育科研发展不可或缺的"强基"之书。本书的面世，得益于集中四川省教育科学研究院的骨干力量协同攻关，破解教育科研成果库建设中的认识与操作难题，为中小学教育科研夯实路基、通畅路面而做出有思想的学术与技术奉献。它将发挥"引领知识""指导行动""启迪思维""激发创造"的功能，为广大中小学教育改革实践与研究者提供专业的服务。

本书作者王真东长期从事教育科学研究和科研管理，具有丰富的实践经验和理论认知。本人与作者既是多年共处教育科研管理实践中的"同行"，又是喜好探求教育科研规律的"同道"，也是服务教育科研高质量发展的"同路人"。从这样的角度品读此书，形成几点感受，愿与读者分享。

一是合时代节拍。随着教育现代化的深入推进，诸多历史与现实的教育问题迫切需要通过教育科研的手段解决。我国教育发展至今，国家愈来愈重视中小学教育科研并大量投入资源；实践层面的教育科研从来没有像今天这样如火如荼地开展。走课题化道路，淬炼教育者研究力、专业力，提升办学品质，已成为办学主体的自觉共识和实践常态。本项目集聚研究团队智慧，围绕课题库"是什么""为什么建""怎么建""建到何种程度"和"怎么用"的问题开展扎实研究。本书对中小学教育科研课题成果库的属性进行了学理诠释，对成果库的演变进行了溯源寻踪，对成果库的功能进行了明确揭示，对成果库的特点进行了准确归纳，从而勾勒了教育科研课题成果库建设的前世今生，梳理了教育科研课题成果库建设的来龙去脉，塑造了教育科研课题成果库的神形实态。

二是应实践之需。不同区域不同学校的不同问题解决，需要有相适应的教育科研理论支撑、信息拓展、技术支持与成果借鉴，使实践层面在研究方向与选题上有类比参照，以免选题简单重复、相对滞后；在研究目标与内容上能纵横观照，以免内容相互封闭、自设围墙；在研究方式与策略上交流共享，以免策略单一、方法陈旧；在研究成果的梳理与归纳上广阅博览，以免归纳不力、分量不足。而广大教育工作者只有进入教育科研课题成果库这个智能空间，才能打开眼界、拓展思维、选择应用、再创成果。成果库以集大成的方式汇聚各级各类中小学教育科研成果，将成果创造者的研究精神、研究智慧、研究效益亮相于众；尤其是在现代科技支撑下，以网络平台为载体的成果库，将通过"连锁"渠道为各地教育工作者源源不断地输送研究信息和成果资源；以方便检索选择的成果菜单，为广大教育工作者的多样需求提供质优、量丰的研究成果。这种跨时空、高效能的专业服务，能使教育科研告别长期以来的惯性低效，逐渐迈上新台阶。

三是强管理之力。教育科研既需激发动力、调动热情的行政管理，又需学术理性、技术理性的专业化管理。当前教育科研管理存在不同程度的行政化色彩，专业管理弱化导致教育科研的非规范化、非常态化，甚至在最需要实施管理之处出现盲点。本书建立起科研管理的认知框架与行动纲领，确立了科学规范的实践坐标，对教育科研课题成果库管理内涵和目标进行明确界定。进而从课题成果库的管理原则、管理内容、管理方法等维度进行连环式构架，并为运行流程与操作技术提供理论支撑和策略参照，以利于解决成果资源的流失、成果形态的琐碎、成果应用的随意等问题，从而促进管理者对自身的责任、任务、目标、服务内容和方式了然于心，形成"成果科学、规范入库归位，功能切实、高效发挥"的教育科研管理形态。

此书可圈点之处较多，也有需完善之处。面对这本理论与实践结合的专业性图书，因读者的工作范畴、理论取向、实践体验不同，定有差别化的认知和独到感受。《中小学教育科研成果库建设与应用》有利于这种个性化的阅读。它虽有基本规范，但无机械定格；它在结构体系的搭建上求严谨，而在要素组合上粗线条；在策略提供上求具体，而在操作细化上有节制。不为读者的价值研判立标准，不为读者的思维活动建模型，不为读者的信息接纳划边界——这种成书态度，可避免创生性的信息在读者心中"结壳"、眼中"固型"。当读者以自己的眼光、独立的思考，审辩式地、质疑性地对话文本，你来我往地输入、输出信息，静态、理性的文字便有了动感与体温，文本便有了想象和自主建构的空间，读者便进入"沉浸式的深度阅读，探索性的创意阅读，观景般的趣味阅读"的三重境界。这样，书中所传达的成果库"是什么""为什么建""怎么建""建到何种程度"和"怎么用"等内容，就会发酵为行动的精神能量和智慧之源。

刘贵华

中国教育科学研究院副院长、教授

2023 年 3 月 12 日

目录

第一章 中小学教育科研课题与成果

第二章 中小学教育科研课题成果库

第三章　中小学教育科研课题成果库的系统设计与实现

第四章　中小学教育科研课题成果库管理

第五章　中小学教育科研课题成果库的应用

第一章 中小学教育科研课题与成果

科研兴教，教育强国。新时代呼唤教育科研深度嵌入教育的方方面面，发挥其对制定教育政策的智力支持、引领教育实践的理论支撑等功能，促进教育者①理性而富有智慧地变革优化实践，充满信心地迈向未来，追寻和实现兴教强国之梦。

有赖于研究主体针对现实问题，展开"做什么、为什么做、怎么做、做得如何"的理性思辨与探寻，并做出实践的回答——这就是教育科研深度"嵌入"教育实践的落脚点和我们的现实期待。在此过程中，中小学"教育科研""教育科研课题""教育研究成果"，成为伴随研究主体的"研""知""行"同步、理性思辨和智慧行动的关键词。因此，对它们的价值感悟、概念解读、关系理顺、特点把握，应首先成为研究主体增强科学理性、发展科研素养和提升科研能力的奠基石。它对"教育科研课题成果库"的基础性结构、内涵特征、功能价值的探明具有重要的意义。

第一节 中小学教育科研课题

一、科研课题研究简述

课题是人们对生产、生活中遇到的重要问题进行研究的概括。人的发展

---

① 教育者是指一个广泛的教育群体，即教育行业的从业人员和专业研究者。本书主要指中小学教师、中小学教育管理者（包括中小学教育行政管理者、中小学教育教学管理者）、中小学教育科研工作人员以及从事中小学教育教学研究的专家学者等。

与进步是在认识问题、解决问题的过程中实现的，人类社会的发展历史，就是不断认识问题、解决问题的历史。课题研究，是以理性的思维、严谨的态度和科学的方式对某一问题的认识与解决的专项研究，故称"课题研究"。随着社会生产力的进步，课题研究逐渐从生产、生活中独立出来，出现了专门从事课题研究的人员和机构。一般而言，这些专门的机构称为"科研机构"，从业人员称为"科研人员"。课题研究的分工专门化，使得研究过程更加规范，成果更加系统。

（一）研究类型简述

根据不同的标准，课题研究可以分成不同的类型。

从研究领域来看，课题研究可分为自然科学课题和社会科学课题。自然科学课题研究和解决的是自然科学领域的重要问题。自然物质世界是自然科学课题研究的重要对象。观察、实验是自然科学课题的基本研究方法。认识物质的本质，揭示自然规律，是自然科学课题研究的基本使命。自然科学课题研究形成的相关成果对于认识世界、改造世界具有重要的推动作用。社会科学课题研究的是人类社会领域的重要问题。人是社会科学课题研究的基本对象。调查、实践是社会科学课题的基本研究方法。认识人的本质，揭示社会规律，是社会科学课题研究的基本使命。社会科学课题研究的成果，对于促进人的潜能发挥，促进人与人之间和谐共处，促进人与自然和谐共处，实现人类的持续发展具有重要的意义。我国将自然科学课题、社会科学课题分别进行管理，组织开展相关课题的申报、研究、成果评审等。

从研究的取向来看，课题研究可以分为基础研究、实践研究、发展研究等。基础研究主要围绕"是什么、为什么"这类核心问题，其"主要目的在于发现新知识、说明新关系、探索新规律，重在原理、理论、规律等方面有所发现与推进"[①]，重点研究相关领域的重要基础理论问题，构建认识问题、解决问题的基本理论体系，为实践研究、发展研究提供理论指导。实践研究围绕"怎么办"这类核心问题，构建解决问题的策略体系，引领人们改造和

---

① 郑金洲. 教师教育科研三十年的变迁进程 [J]. 上海教育科研, 2008 (10): 13、14.

完善相关领域的实践，促进实践水平的提升，促进生产方式、生活方式的转变。发展研究则"着力于解决实践中的问题，带来实践形态的新变化"①。

从涉及的层次来看，课题研究可以分为宏观研究、中观研究、微观研究。宏观研究主要研究和解决事关领域全局的重大问题。特别是社会科学领域的宏观课题往往涉及相关制度的顶层设计，具有辐射范围广、受益面大等特点。中观研究主要研究中等范围和地区的课题。微观研究则重点研究实践中面临的具体问题，具有实践性、技术性，能够直接促进实践的优化。

不同类型的课题研究的定位和追求是不同的，它引领着研究者对研究方法的筛选、技术路线的设计、成果表现形态的选择、成果推广应用模式的创建等。

（二）教育科研课题简述

1. 教育科研课题的产生

当教育从人类的生产、生活中独立出来时，认识和解决教育领域的问题便成为推动教育发展和进步、促进教育科学化程度不断提升的重要动力。教育的本质、教育的基本任务、教育的基本形态与实践方式等构成了教育的基本命题，也成为教育领域的重大问题，研究和解决这些问题推动着教育不断进步。随着教育的普及和人们对高质量教育的追求，如何促进教育科学持续发展成为世界各国教育研究的重要命题。随着教育科研机构层次化、体系化程度越来越高，相关教育研究更加深入，主题更加聚焦，成果更加丰富。从世界范围来看，联合国教科文组织负责协调全球范围的教育问题的研究，我国的《学会生存（教育世界的今天和明天）》《终身教育大全》等成果在世界范围内产生了深远的影响。经济合作与发展组织（OECD）所推行的国际学生评估项目（PISA）测试在世界范围内也产生了广泛的影响。就我国来看，以中国教育科学研究院为首的教育科研系统、高校系统立足我国教育实际，面向世界开展了高价值的课题研究，产生了重要成果。这些成果，有助于教育现实问题的解决和经验的传播共享，促进教育质量提升，更好地服务于社会

---

① 郑金洲. 教师教育科研三十年的变迁进程［J］. 上海教育科研，2008（10）：13、14.

发展和教育强国战略发展。成果的获取，起源于研究主体对教育困境突围和问题求解的原始冲动，起步于研究主体对问题的课题化转换，形成于问题求解的实践与研究过程。因此，课题是从问题演化而来。问题即课题，课题即问题。对教育实践者而言，课题的价值含金量取决于所解决的问题是否具有现实紧迫性，是否属于大家共同面临的和需要化解的困惑，是否能对实践中的教育产生积极的影响。

在过去很长一段时间，囿于教育研究是专家、学者的事情这一狭隘认识，广大中小学教育工作者被动或主动地游离于研究之外。随着第四次工业革命浪潮的兴起，经济社会的快速发展和教育强国、全面提升教育质量的国家导向，以及人民群众对优质教育资源的渴求，以教育变革创新、实践优化、品质提升为取向的课题研究逐渐受到重视。教育科研，开始从"象牙塔"走向大众。立足师生、学校、区域教育发展中的实际问题和突出矛盾，感知问题、分析问题、求解问题的课题研究，正在以"草根式"或"制度化"的方式重塑它的新样态，彰显其"科研兴教"的功能。

追溯历史，新中国成立以来，广大中小学教育工作者以马克思主义为指导，立足中国大地积极探索与新中国建设需求相适应的基础教育体系，创造了许多富有中国特色的实践经验，取得了令人瞩目的成就。如有关"普及义务教育""巩固'两基'""精讲多练"等由宏观到微观的重大课题和重要课题的研究，为教育发展与实践变革奠定了坚实基础。

改革开放以来，中小学教育工作者立足中小学教育实践开展教育科研的热情进一步迸发，从南到北、从东到西在全国范围内掀起了开展教育科研的热潮。如20世纪80年代的顾泠沅青浦教学法、李吉林情境教学法、于漪语文教学法、斯霞教学法、魏书生班主任工作法等，在全国产生了广泛而持久的影响。

研究是促成中小学教育科研课题达成预期目标的根本路径。叶澜教授指出："教育研究是'事理'研究，即探究人所做事情的行事依据和有效性、合理性的研究……它是为成事，即办好此事而开展的研究，所以必须包含下述两大类型的研究：作为依据的研究，可称作基本理论研究；作为有效和合理性改进的研究,可称作应用研究。"① 中小学教育科研课题一旦立项,就需要聚焦问题,广泛地学习和借鉴已有的研究成果,建构起与问题相适应的认识问题、解决问题的实践体系,促进问题的高效解决。中小学教育科研课题以认识问题、解决问题、促进教育发展为直接目标。

2. 教育科研课题的意义

(1) 优化教育实践

中小学教育科研课题是在实践中产生,在实践中发展的。教育科研课题的承担者以中小学教育工作者为主体,在研究活动中,中小学教育工作者既是研究者,也是实践者。这一认识已在世界范围内形成了普遍共识。例如,日本东京大学的佐藤学教授从 1980 年以来,坚持每周两天造访学校,观察课堂,在长达 20 余年的与一线教师的合作研究中,深切感受到教师研究的分量。他认为承认"实践话语"与"理论话语"的相对独立性,也就意味着教学研究不仅是"理论的实践化",处于轴心地位的是"实践的理论化"或"实践性理论",因为实践不是单纯的理论应用领域,它也是实践性知识形成的领域。教学研究原本就是实践性研究,其主体是教师。② 因此,课题研究的过程也是开展教育实践的过程。以课题为抓手,可以促进中小学教育工作者对面临的问题的认识、思考更加系统、深入,在教学中生成研究成果,同时引领着中小学教育工作者主动对原有的教育实践进行反思、调整,从而达到优化之目的。

(2) 促进人的发展

教育的根本任务是培养人。在中小学教育科研课题研究中,人是研究的对象,也是研究的主体。一方面可以通过问题解决促进教育对象的发展,另一方面在问题解决过程中,研究者自身也会得到相应的发展。中小学教育科研课题的研究过程需要开展有目的、有计划的实践活动,在这个实践活动中,研究的对象得到相应的干预,以促进其向着预期的方向发展变化,同时,研

---

① 叶澜. 教育研究方法论初探 [M]. 上海:上海教育出版社,2014:322.

② [日] 佐藤学. 课程与教师 [M]. 钟启泉,译. 北京:教育科学出版社,2003:230.

究者自身也在开展研究的实践中通过学习、实践改变自己的观念、提升相应的专业能力。研究表明，自 2000 年以来，通过从事教育科研工作，我国中小学教师科研的意识和能力得到了提高，逐渐实现了由过去"传授型教师"向现代"科研型教师""学者型教师"和"教育专家型教师"的转变，而中小学教师教育科研素质的提高在客观上构成了促进他们专业化发展的强大动力。在这一问题上，西方教师教育研究的一个重要观点和成果，就是认为教师的专业化发展等同于传统型教师的角色特征再加上学者的角色特征。从现实中的情况来看，中小学教师通过从事教育科研工作，转变了传统的教育思想观念，改善了他们的教学行为和方式，提高了他们教育教学工作的科学性和艺术性，强化了他们内心的教育信念及专业信仰等，而把所有这些归结起来就是促进了中小学教师专业化的发展。[①] 提高的过程是学习与实践相结合的过程，教育科研则是促进教师学习与实践结合的重要方式。学校领导在科研过程中学习理论，掌握信息，分析典型，更新观念，将促进决策与管理的科学化、民主化，提高工作水平。教师结合教学中的实际问题，选择课题，开展研究，探讨规律，撰写论文，特别是进行教育实验，在实践中发现和总结，又回到实践中去运用和完善。这样既可提高研究能力，又可提高业务能力。通过不断探索实验，逐步从经验型走向研究型，成为受学生欢迎的名师。[②] 因此，中小学教育科研课题的研究与实践能促进教育主客体的共同发展，即"人的发展"。

（3）繁荣教育科学

教育是一种极其复杂的社会实践活动。作为教育的一部分，中小学教育科研课题研究活动的开展，一方面丰富了教育科研活动，让更多的中小学教育工作者知晓、理解、认同、应用研究所产生的成果，促进中小学教育科研更加深入地开展；另一方面，中小学教育科研活动的开展及成果的丰富，也为相关的理论工作者观察、反思中小学教育实践提供了新的视角，为生成更

---

① 褚远辉. 2000 年以来我国中小学教育科研的回顾与展望 [J]. 中国教育科学，2016 (3)：148.

② 王志坚. 中小学教育科研的特点和意义 [J]. 教育研究，1997 (2)：60.

加科学的教育理论提供着源源不断的素材。实际上中小学教育是典型的教育现象，对其开展研究的意义不仅在揭示某一学段的特殊规律，更在于从中提炼一般教育原理。① 因此，历经多年的发展，中小学教育科研课题已经成为我国教育科学的一个有机组成部分，得到了广泛的认同。例如，四川省在 1997年至 2021 年间，已经连续开展了七届普教教学成果奖评选，累计评选出优秀成果近 3000 项。从 2015 年开始，在国家教学成果奖评审中，首次面向基础教育（实际上以中小学教育为主）设立了相应的评审类别。这些成果的宣传、推广极大地繁荣了我国的教育科学研究。

（4）促进教育发展

中小学教育科研课题是促进中小学教育质量提升和教育事业发展的重要载体。在新的历史时期，我国社会发展的主要矛盾是人民日益增长的美好生活需要和不平衡不充分的发展之间的矛盾。确立"以人民为中心"的发展思想，是促进各项事业发展的时代要求。教育是民生之首，对于维护社会稳定、促进社会公平正义具有重要的作用。随着经济社会的发展，特别是基础教育的普及，人民群众对基础教育的期望也从"有学上"转变到"上好学"。当前，我国正处于实现"两个一百年"奋斗目标的历史交汇期，加快推进教育现代化是建设社会主义现代化国家的应有之义。抓住中小学教育领域的重大问题、关键问题和人民群众关心的热点、难点问题，将其转化为相应的研究课题，系统思考、整体推进，对于促进中小学教育事业乃至整个教育事业的健康发展具有重要意义。事实上，"教育科研战线充分发挥专业优势，加强统筹设计，主动发声，深入解读教育重大政策，为赢得社会公众对教育工作的理解和支持做出了不可或缺的重要贡献"②。

二、教育科研课题的界定

关于中小学教育科研的论述在我国相当多，据笔者的不完全统计，就中

① 杨小微. 教育研究的理论与方法 [M]. 北京：北京师范大学出版社，2008：68.
② 田学军. 加强新时代教育科学研究工作 为推进教育治理体系和治理能力现代化提供智力支持 [J]. 教育研究，2020（3）：5.

小学教育科研这一概念至少可达到 100 种文字表述。有研究指出，在学科规划中，"教育学科""教育教学""教育研究"通常指的是以教育课题研究的方式取得的教育学科知识进展。[①] 我们认同这一主张，"教育研究"或者"教育科研"在语义上基本是一致的，就是通过各种形式的课题研究取得的教育学科知识进展。也有研究指出，中小学教育科研是指以教育科研理论为指导，以中小学教育、教学、管理等为研究对象，运用科学的方法和手段，有目的、有计划地探索教育规律、解决教育问题和提高教育质量的创造性认识和实践活动。[②] 通过文献分析和课题组研究，我们认为：中小学教育科研是指以教育科学及其他多学科、跨学科理论为指导，以教育领域的各种各类活动和现象为对象，以探索教育活动规律为目的的创造性认识活动。随着科学理论和研究方法的彼此借鉴及应用，教育科研具有与其他科学研究相近的"科学学"意义；不同的是，教育科研通过研究"培养人的社会活动"及其规律，直接影响人类自身的发展变化。其范围非常广泛，包括所有有关人类教育的宏观、中观、微观现象；理论主要来自教育科学，还有其他多学科、跨学科；研究方法是多元的。

中小学教育科研课题是教育科研课题的一种特殊类型。它是随着中小学教育改革的深入和从业人员的专业素质提升而产生的。中小学教育科研基本程序为：教育者对于教育教学的现实问题进行分析归纳、聚焦问题、明确研究主题，组织人员围绕主题进行论证上升为一个研究课题，向课题管理层申报课题，开题论证（课题组申报成功为一定层级的课题或者未申报成功独立进行课题研究）、确定研究方案、分阶段有序推进研究，后期总结形成研究报告（或者相关研究论文、学术总结文章）、对成果进行验证实践和推广。

正如教育部原部长陈宝生在第五届全国教育科学研究优秀成果奖颁奖大会暨全国教育科研管理工作会议上指出的，"教育科学研究完整的过程至少应

---

① 刘贵华，张海军. 中国特色教育学科建设新成就——全国教育科学规划"十二五"规划回顾与前瞻［J］. 教育研究，2018（8）：30.

② 曾天山，王新波. 中小学教科研亟须走向 3.0 版——基于 3000 多名中小学教师教科研素养问卷调查的分析［J］. 人民教育，2017（20）：36.

包括两个阶段，第一阶段是理论生产阶段，第二阶段是成果转化阶段，两个阶段各有各的任务，各有各的侧重，统合起来才是教育科学研究的完整过程"[①]。他强调，理论生产阶段结束后，要转向成果转化应用阶段，将成果转化为教案、决策、制度和舆论。成果的转化、推广、应用，既是科学研究的必要检验环节，也是科学研究产生实践价值的社会公义。

（一）课题与项目

所谓课题，指由研究主体通过有计划的研究或讨论所形成的需要解决的重要问题。课题研究的基本程序为选题研究、研究论证、研究实施、结题总结、形成研究报告等，课题层级包括县区级课题、地市级课题、省级课题、国家级课题等。

日常语言中对问题进行研究都被称为课题。事实上，现代汉语语境下的课题是最广泛的一个阐述，"课题指需要安排专人有计划地研究或讨论的重要问题；也指必须解决的重大事项"[②]，应该包括三层基本含义（或称为三个要件）：一是有问题，而且是重要问题，一定来源于工作行业或专业领域急需解决的问题；二是有专人，而且是专业人员，包括接受行业或专业领域的专业学习后，取得资格的专业研究人员；三是有计划研究，有专业人员对本专业或领域的重要问题进行系统的研究。另外还应该包括立项研究的课题和没有立项研究的课题，只要符合上述三个要件都称为课题。

从专业角度来讲，"课题"即指符合课题管理部门的相关文件及语义表述的"项目"。"项目"泛指工程、学术等方面某一项具有特定内容的工作。[③]"项目"在教育领域的广义表述，除工程领域外，特指教育行政、教育科研管理部门的一项学术性工作。在狭义上，"项目"就是"课题"，语义就是我们经常说的"申报什么课题或什么层级课题"。如全国哲学社会科学工作办公室

---

① 陈宝生. 把握时代脉搏和教育规律 促进教育事业科学发展 [J]. 教育研究，2017（1）：4.

② 李行健主编. 现代汉语规范词典 [M]. 北京：外语教学与研究出版社，语文出版社，2004：748、1425.

③ 李行健主编. 现代汉语规范词典 [M]. 北京：外语教学与研究出版社，语文出版社，2004：748、1425.

官网就明确规定国家社会科学基金课题为社会科学基金项目，体现在：一是机构职能第 6 条"负责管理国家社会科学基金，组织基金项目评审和成果转化应用等工作"；二是官网菜单上"项目申报、项目管理、项目查询……"①。

（二）中小学与教育科研

教育是有意识的以影响人的身心发展为直接目标的社会活动②，主要是增进人们的知识和技能、影响人们的思想品德的活动③。教育由于领域跨度宽泛、涉及内容多，按照美国大百科全书分类法，教育领域一般分为社会科学领域和人文科学领域，即以科学方法研究人类社会现象及问题的社会科学，如政治学、经济学、军事学、法学、教育学、史学、民族学、社会学、语言学等；以人类的信仰、情感、道德、审美为研究对象的人文科学，如神学、哲学、文学、美术、音乐舞蹈、戏剧等④。无论是社会科学，还是人文科学，都指向的是人，而教育是以人为对象的一项社会活动。因此，教育科研的思考，理论上要遵循社会科学与人文科学的基本属性，结合教育自身属性，才能契合实践的需要。

中小学是教育的一个阶段。我国现行的学制从教育层次来看，教育包括学前教育、初等教育、中等教育、高等教育；从类别结构来看，包括基础教育（幼儿、小学、初中、普通高中）、职业技术教育、高等教育、成人教育、特殊教育。本书对中小学采取一种广义的表述，既包括了基础教育，还包括了特殊教育，也就是教育部文件表述的"学前教育的幼儿园、义务教育（含特殊教育）、普通高中教育"。聚焦到具体的、活动的主体，这些实践研究的改革行动才可能落实。

---

① 1986 年，经国务院批准设立国家社会科学基金（英文：The National Social Science Fund of China，简称：国家社科基金）。1986 年 10 月 27 日，全国哲学社会科学规划小组会议通过《国家社会科学基金暂行条例》。2018 年 1 月，中央决定成立全国哲学社会科学工作领导小组，下设全国哲学社会科学工作办公室。全国哲学社会科学工作办公室为全国哲学社会科学工作领导小组的办事机构，负责处理领导小组日常工作。
② 叶澜. 教育概论［M］. 北京：人民教育出版社，2006：10.
③ 中国大百科全书·教育卷［M］. 北京：中国大百科全书出版社，1985：1.
④ 杨小微. 教育研究的理论与方法［M］. 北京：北京师范大学出版社，2008：41.

教育科研是指教育者借助哲学、教育学、心理学、社会学等基本理论，有计划的研究教育现象的重大问题，探索教育规律的创造性认识活动。它包括理论性研究、应用性研究、开发性研究。从教育科研的实践形态看，这类创造性的认识活动主要表现为各级各类课题研究和研究者自主研究两种形式。具体来说，教育科研既要关注各级各类科研管理机构发布的有关教育的课题研究，比如国家级教育科学规划、省部级教育科学规划、地市级课题、校级课题及其他科研管理机构发布的教育课题，也要关注从事、关心教育的相关从业人员开展的自主、自发的教育研究。

（三）中小学教育科研课题

中小学教育属于基础教育的范畴，对人的一生具有重要的奠基作用。研究和解决中小学教育实践中的重大问题、关键问题，对于促进学生健康成长，促进民族素质提升，培养社会主义建设者和接班人具有重要意义。我国的基础教育面临着受众数量多、地域广、差异大等客观现实，教育实践面临的问题千姿百态，需要充分发挥广大教育工作者的主观能动性，才能因地制宜地、高效地解决实际问题。

中小学教育科研课题是研究者从中小学教育实践中提炼的，可以体现对教育规律的探寻、对教育效益的追求，需要科学精神与人文精神相结合。一旦某个问题确立为教育科研课题，那么，相关单位对它的探索就会更加聚焦，组织化的干预就会变得更加自觉，解决问题的过程就会变得更加有序，方法就会变得更加有效。

三、中小学教育科研课题的特征

如前所述，中小学教育科研课题可分为国家级、省部级、地市级等不同层级的课题和不同群体按照课题三要件（专人、有计划、重要问题）对未立项的课题进行的自发研究。无论哪种形态的中小学教育科研课题，归纳起来都有实践性、情境性、操作性、应用性的基本特征。

（一）实践性

实践性是教育科研的基本属性，特别是中小学教育科研的最基本属性。

"科研的实践性突出，科研的选题主要针对中小学教育中出现的问题，侧重在改善教育实践的过程。因此，科研的内容与教育实践紧密结合。"[1] 中小学教育科研课题属性一定是以问题为导向，特别是一线研究者必须以解决身边问题为出发点。这要求研究者务求实效地指导教育教学实践工作，决定了教育教学实践的问题必须是广大中小学教育工作者关心和面临的真问题。这些问题在得到理性的思考、反复的论证后，经过提炼形成相应的教育科研课题。同时，其认识过程和解决过程立足于中小学教育实践，通过实践来检验认识问题、解决问题的假设是否合理、是否科学，进而实现对原有教育实践的改造、优化。中小学教育科研课题离开了实践性，就失去了存在的根基，就可能异化为纯粹的思辨性研究，将会大大削弱中小学教育科研课题的实践价值。

（二）情境性

情境性是实践性的具体反映。中小学教育科研实质是以课堂为现场、以教学为中心、以学生为对象的教学研究活动，其研究过程不是研究者对研究对象单向的施予，以使其获得期望的变化，而是研究者和研究对象始终处于交互作用、交互影响的"互动"状态。在这一过程中，教师不可能超脱，只能深入地"投入"和"卷入"。[2] 中小学教育科研课题指向的问题是与具体的教育场景相联系的。因问题存在于具体的教育场景中，为中小学教育科研课题的开展提供着极大的便利条件。现实世界的任何问题都是受到相应的时间、空间条件限制的。从实践的角度来看，人是教育科研课题关注的重要对象和核心目标，中小学教育科研课题尤其重视人在特定的时间和空间内的表现。学生和教师是中小学教育科研课题中"人"这一要素的主体，他们在特定的教育场景中构成一种反应性互动关系，需要在特定的情境中建构和优化这种反应性互动，才能促进问题的解决，使预设的教育实践活动得以顺利实施。问题基于一定的场景而存在，解决问题的过程也基于特定的场景而展开。问题存在的场景发生变化，问题自然也会发生相应的变化。立足于问题存在的

---

① 王志坚. 中小学教育科研的特点和意义 [J]. 教育研究，1997（2）：60.
② 曲天立. 教师进行中小学教育科研的思考 [J]. 教师之友，2005（2）：31.

特殊场景，构建认识问题、解决问题的策略，是中小学教育科研课题的内在要求。

（三）操作性

操作性是对中小学教育科研课题的研究与成果应用的步骤解构过程。对作为课题的中小学教育问题的认识与解决有一个从模糊到清晰、从低效到高效的过程，将课题进行操作性解构是中小学教育科研的需要，也是成果应用的需要。中小学教育科研课题的目标实现是通过具体的操作得以实现的。中小学教育科研课题的成果，要被同行所理解、认同、应用，也需要对其适用的条件、操作要领等进行必要的界定。中小学教育科研课题区别于其他类型的课题的一个重要特点，是需要将预设的解决的问题进行实践验证。因此，在研究中需要将研究计划细化为具体的操作步骤。同时，中小学教育科研课题的实施过程是一个团队合作的过程。课题的基本假设、实施的基本环节和关键要点，需要被课题组的研究人员理解才能让课题得到更好的执行。

（四）应用性

应用性体现了中小学教育科研课题以解决问题为归旨。解决问题既蕴含于中小学教育科研课题的研究过程中，也反映在中小学教育科研课题成果的推广中。从研究者来说，课题研究成果需要在应用中得以检验、完善，因此，中小学教育科研课题的成果需要走出原生地，在更大范围内加以应用，产生更大影响，转化为更大的生产力，实现对教育的改进。中小学教育科研课题成果不能成为纯理性的思辨，其应用性决定研究成果不能偏离于实际问题的解决。

四、中小学教育科研课题的常见类型

认识中小学教育科研课题的常见类型是有效组织课题研究的需要，也是准确理解和应用相关研究成果的需要。从不同的视角出发，根据不同的标准，中小学教育科研课题可以分为不同的类型。依据中小学教育科研课题的直接目的的不同，中小学教育科研课题可以分为以下类型：

（一）实践研究型课题

实践研究型课题是以改造中小学教育实践为直接目的的教育科研课题。实践是课题存在的基础，也贯穿课题研究始终。实践研究从中小学教育实践出发，集发现问题、确立课题、认识问题、解决问题于一体，在研究过程中追求对教育实践的积极改造。

实践研究具有明显的创造性。也许，研究者研究的课题已有同类，但从课题研究者来看，开展这类课题研究的定位是解决"自己的问题"。首先，就发现问题来看，研究者往往根据国家的教育政策，结合自己面临的教育实践，发现自己面临的问题，主动运用科研思维，将问题逐步地聚焦，从而发现问题的实质，提炼形成相应的课题。其次，研究具有明显的创造性。解决问题的策略需要研究者结合具体的问题情境进行设计，并进行实践验证。最后，是研究周期较长。整个课题是一个从无到有的过程，需要研究者在广泛学习借鉴的基础上，立足于实际，针对具体的问题设计研究方案，构建解决问题的策略，收集课题研究的证据材料，并接受其他研究人员的评价与质疑。

实践研究需要组织化推进。中小学教育科研课题的研究过程是与教育实践过程紧密联系的。一方面研究涉及多个主体，另一方面实践的过程涉及课题之外的其他要素。如何协调各种关系，促进要素之间的协作，是组织开展实践研究不可回避的问题。组建相应的课题组，形成研究者的合力，优化实践需要的教育资源，组织化推进相关工作，可以使实践研究减少阻力，提高实践研究的效益。

（二）实证研究型课题

实证研究型课题是以对特定的理论证实或证伪为直接目的的教育科研课题。该类课题并不事先设置研究的倾向，实证贯穿于该类课题研究的始终。研究者注重从实践中采集相关证据，通过证据来反映所验证的理论的真实性。同时，在验证过程中实现积极改造，从而获得认识的提升和实践的丰收。

实证研究具有重复性，理论成果是实证研究的基本前提之一。研究者往往根据自己面临的实际问题，在搜寻相关的理论成果中发现可能适用于解决自己面临的问题的理论支撑，或者从已有的理论成果中得到启示，进而确定相应的课题，一方面通过课题实践验证已有理论成果，同时，也在课题实践中促进问题解决。

实证研究也有一定的创造性。中小学教育科研中的实证研究并不是对原有成果的简单重复。实际上，构成相应的教育场景的人、事、物等要素的不同，决定了中小学教育实践场景是难以完全相同的。因此，需要研究者结合自己面临的教育场景，对已有的教育理论的实质进行准确的理解和把握，设计出与教育场景需求相符合的实证研究方案。

（三）应用研究型课题

应用研究型课题是以利用已有研究成果改进教育实践为直接目的的中小学教育科研课题。该类课题也可以称为成果推广应用研究，主要是利用他人的研究成果改造自己的教育实践。研究者一方面通过学习借鉴他人的研究成果实现对自己的教育实践的改造，同时，也在推广应用中实现对他人成果的个性化改造，从而使教育实践更加科学高效，为完善已有成果贡献智慧，提供应用案例。

应用研究具有推广性。中小学教育实践场景的相似性，决定了已有同类中小学教育科研课题成果可能会被同行借鉴。对他人研究成果的借鉴并用于改造自身教育实践的过程，就是一个成果推广应用的过程。具体教育场景的差别使得成果的推广应用并不是完全照搬。应用研究就是已有成果从原生地走出来，走向更为宽广的学校、地区，为更多的人接受和应用。达成应用研究目标，需要经历理解、改造、应用三个基本环节。

（四）综合研究型课题

综合研究型课题是合理应用多种手段达成研究目标的中小学教育科研课题。综合研究针对的问题往往是中小学教育实践中的难点问题、焦点问题，涉及的制约因素多，难度大。对课题的整体把握是推进课题研究的关键，研究者需要将问题置于更加宏观的背景中进行系统分析，确定课题的基本目标和定位，调集大量的资源，运用多种手段组织开展研究，方能达成预期目标。

该类课题具有复杂性、多目标性等特征。

综合研究强调协同性。综合研究针对的问题，可能是跨领域、跨地区的课题，研究团队构成复杂，追求的侧重点不同，研究的组织协调是顺利推进课题研究工作的重要前提之一。如果是跨领域、跨地区的宏观课题，不同地区、不同单位宜围绕课题建立相互信任、相互协作的关系，方能推进相关工作。如果是学校承担的以学校综合改革为主的课题，则需要加强学校内部不同部门、不同教师群体之间的协作。

综合研究的形态丰富。在不同的研究阶段，可能会使用不同的研究手段，或侧重以某一类型的研究为主。从研究方法来看，文献法、调查法、观察法、实验法等方法都可以应用其中。从研究活动来看，宣传动员、专题研讨、改革实践、成果展示等都会应用。综合研究是多种研究的集成，有的综合研究可以根据需要分解成不同的子课题，共同推进研究。基于以上原因，综合研究取得的成果也是丰富多彩的。

中小学教育工作者，可以根据自己面临问题的复杂性及个人的研究专长，将研究课题归属于上述的常见课题类型，开展研究工作。

第二节　中小学教育科研课题成果

一、中小学教育科研课题成果内涵

教育科研课题成果是教育工作者对所从事的教育研究过程、实践过程及其结果的高度概括和科学总结的产物，具有理论和实践的创新性。"成果"的语义是"工作、劳动的收获"[①]。中小学教育科研成果正是研究者在教育教学的实践探索与理论研究工作中所取得的一种收获。"收获"有可能是成功的策

[①] 李行健主编. 现代汉语规范词典 [M]. 北京：外语教学与研究出版社，语文出版社，2004：164.

略、路径，也有可能是失败的经验、教训，这种"收获"表现为一是要符合教育教学规律，其教学成果要反映教育教学规律，也必然符合教育对象的认知规律与成长发展规律；二是如果没有发现规律性的收获，那也会有失败的经验与教训，这些经验与教训至少是对今后同类型实践探索与理论研究有警示作用、借鉴价值。

"课题研究成果是科学发现和知识创造的结果，它反映了研究者对于现有知识水平的贡献，也是评判科研活动成效和质量的主要依据。"[①] 中小学教育科研课题成果是教育科研课题成果的一种类型，是中小学教育者解决教育教学工作的重大问题所取得的结果的特定样态，主要表现为通过中小学科研课题研究探索、总结提炼而形成的理性认识、实践操作等基本结论和实施路径、策略。

"教学成果，是指反映教育教学规律，具有独创性、新颖性、实用性，对提高教学水平和教育质量、实现培养目标产生明显效果的教育教学方案。"[②] 这里的"教学成果"就是一种教育教学方案，也就是说中小学教育科研课题成果就是一种通过研究教育教学的重要问题而形成的教育教学方案。概而言之，中小学教育科研课题成果是教育者通过研究教学重要问题而形成的工作实践和研究结果，且是经过专家组专业鉴定、推广应用、能够经得起时间检验的教育教学方案。

中小学教育科研成果一定是研究者经过长期实践探索、不断反思、反复总结的研究结果。按照国家哲学社会科学基金管理办法第三十四条规定，国家社科基金项目最终成果的鉴定一般应采用聘请同行专家通讯鉴定的方式。同样，国家教育科学规划课题、四川省教育科研课题等各类型立项课题，按照相应管理办法规定都必须进行课题的专业结题，由专家组进行科学鉴定。因此，中小学教育科研课题成果除了是课题组通过研究取得的收获外，一定是通过专家组鉴定的成果。

---

① 刘贵华，孟照海. 教育科研课题成果质量的九个问题 [J]. 教育研究，2015 (5)：24.
② 中华人民共和国中央人民政府. 教学成果奖励条例 [A/OL]. (2020-12-26) [2022-5-28]. https：//www.gov.cn/zhengce/2020-12-26/content-5575073.htm.

"理论生产阶段结束后，要转向成果转化应用阶段。……要把它融入教育事业发展活生生的实践中，变成指导教学、服务决策、完善制度、引导舆论的实践成果。"[①] 中小学教育科研课题成果一定是可以有效转变为教育教学行为的。中小学教育科研课题成果只有真正变成广大教育工作者的思想、观念，变成改变教育教学行为的科学方式，才能在实践中推广应用，才能发挥其实践价值。

二、中小学教育科研课题成果特点

由于专业研究者表述形式的不同，对于成果类型、成果特征分析、要素早期阐述等也不尽一致。有研究对科研项目成果质量评估标准进行了对比研究。[②] 表1—1为我国科研项目成果质量评估的几类标准的比较，虽然各有取向、各有表述，但都强调了"成果价值、成熟程度、难易程度"等三个维度的基本规定。这对中小学教育科研课题成果特点的分析很有启发。

表1—1　我国科研项目成果质量评估的几类标准比较

	国家社会科学基金项目结题评估标准	全国教育科学规划项目结题评估标准	国家自然科学基金项目结题评估标准
成果价值	社会价值 学术价值	科学性 创新性	发表论著 学术创新
成熟程度	可靠性 可行性	规范性	专利、成果及获奖情况
难易程度	研究难度 资料搜集 处理难度	应用价值	应用推广效益 人才与基地建设 进度、计划 完成情况

刘贵华、柳劲松以条件质量、内容质量、成果质量为教育科研质量评价指标，来说明成果特点（见表1—2）。[③]

① 陈宝生. 把握时代脉搏和教育规律 促进教育事业科学发展 [J]. 教育研究，2017（1）：5.
② 刘贵华，柳劲松. 教育科研质量标准：总体框架与内涵表达 [J]. 教育研究与实验，2013（5）：2.
③ 刘贵华，柳劲松. 教育科研质量标准：总体框架与内涵表达 [J]. 教育研究与实验，2013（5）：6.

表 1-2 教育科研质量评价指标

一级指标	二级指标	三级指标
条件质量	科研机构 科研经费 科研队伍	科研机构级别，研究设施的完备程度；承担课题机构配套经费；时间保障度，全时研究与发展人员总数，全时研究与发展人员比重；高级职称占全时研究与发展人员总人数比重；知识结构的互补性；国家科技创新团队
内容质量	管理制度 科研选题 研究设计	科研管理制度的规范性；科研管理制度和科学性选题的价值（学术价值、社会价值）；选题的创新性、全局性、战略性；课题的级别，研究前期设计的规范性、原创性、前瞻性及应用性；课题研究中理论假设与实践的契合度；研究思路与研究方法的科学性与可行性
成果质量	执行过程 成果发表 成果获奖 成果转化 社会声誉	课题研究中实践与计划的一致性；资源保障的持续性和稳定性；全国教育科学优秀研究成果奖；教育部人文社会科学奖；各级各类教学成果奖；哲社优秀成果文库或中华外译项目；其他被引用频数；被新华文摘等重要刊物转载数；政府决策层完整采纳况；领导批示情况；被国内其他地区或学校推广应用情况；被其他国家（地区）或学校推广应用情况；学校、教师或学生评价；教育行政部门评价；其他使用单位评价

我们认为，中小学教育科研课题成果特点应该从中小学教育科研课题成果的本质特征和国家、省级关于教学成果评奖的基本规定来把握。国务院《教学成果奖励条例》中有关教学成果的表述也是一个重要依据，如"教学成果……具有独创性、新颖性、实用性……"[①]，中小学教育科研课题成果的本质特征所包含的要素，理应包括现实规律性、认识科学性、策略操作性、系列创造性、应用（推广）创新性等，其基本特点归纳起来有实践性、系统性、操作性、创新性。

（一）实践性

实践性是中小学教育科研课题成果的基本属性。有研究指出，"学校教育

---

① 中华人民共和国中央人民政府. 教学成果奖励条例［A/OL］.（2020-12-26）［2022-5-28］. https：//www.gov.cn/zhengce/2020-12-26/content_5575073.htm.

科研也是一种以实践为中心的低重心的经验性研究"[1],"上海市教育科研显著特点归纳起来,一个是时代性,要求与时俱进;另一个是实践性,希望务求实效"[2]。中小学教育科研课题成果是在教育实践中产生的,也是在实践中运用的。中小学教育科研课题的承担者以中小学教育者为主体,在课题研究过程中或者在成果运用研究中,中小学教育者既是研究者,也是实践者。中小学教育者通过学习、研讨、思考、改变行为、提炼成果等不同形式深度参与到课题研究活动中,使得课题成果在不同层面、不同视角下得以检验。确切地说,中小学教育科研课题研究的实践越丰富、越深入,科研课题成果的实践基础就越坚实。

教育实践既是成果产生的基础,又是体现成果价值的根本途径。成果生成与成熟的过程则是问题逐步解决的过程。因此,中小学教育科研课题成果的产生是以解决问题的实践为基础和归宿的。中小学教育科研课题成果的实践性在新时代更加凸显为问题导向的真实性、认识成果的实用性。

第一,问题导向的真实性。中小学教育科研课题一定是以问题为导向,特别是一线研究者必须以解决身边问题为出发点,研究和解决中小学教育实践中有助于学生健康成长的重大问题、关键问题。任何一个课题成果都指向中小学教育实践的问题,通过"发现问题、确立课题、认识问题、解决问题"来进行教育实践的积极改造。这些问题在得到理性的思考、反复的论证后,经过提炼形成相应的教育科研课题成果。其成果在认识过程和解决过程中立足于中小学教育实践,通过实践来检验认识问题、解决问题的假设是否合理、是否科学,进而实现对原有教育实践的改造、优化。

第二,认识成果的实用性。认识成果是由所研究问题的内在矛盾规定的,主要反映的是研究者对所研究问题的本质的认识和把握、对研究问题的内部诸因素关系与规律的揭示、对问题与相关背景的关系的认识,是把握问题发展方向的基础,是指导具体的实践的直接理论。只有经过实践证明的正确认

① 彭钢. 校本研究:基本规范与价值取向[J]. 教育研究,2004(7):84.
② 顾泠沅. 新时期学校教育科研的发展路向值得关注[J]. 上海教育科研,2002(12):1.

识、有效策略方能称为成果。通过课题研究所产生的中小学教育科研课题成果可以促进中小学教育工作者对面临的问题的认识、思考更加系统；同时引领着中小学教育工作者主动地对原有的教育实践问题进行反思、调整，从而达到系统地认识教育教学实践问题，形成符合教育教学规律的基本观念、观点，创新性形成对某一学科、某一领域的教育看法、想法，创造性总结教育教学实践的系列理性认识。

（二）系统性

中小学教育科研课题研究需要研究者系统思考，形成的成果理应具有系统性。但是，部分课题组对课题研究应当取得的成果缺少必要的预设，形成的成果提炼力度不足、逻辑性不强，使得成果出现碎片化现象，缺乏对研究问题全貌的揭示。"教育科研在对象和方法上都要重视系统的思维……教育科研在对象上就不能仅仅关注一个个孤立的个体，片面、割裂地进行研究，而是要将对象置于更大系统和整体中进行思考，注重研究要素之间的动态关系。"① 基于实践体系性地构建中小学教育科研课题成果是中小学教育科研课题成果稳定化的基本要求，其系统性包括成果的整体性与层次性、阶段性与全程性。

成果的整体性与层次性。无论课题大小，每一项课题的成果既是一个完整的整体，又具有相对的层次性。作为一个完整的整体，它具有以解决问题为内核的逻辑结构，并具体包含了对研究的问题的基本认识和解决问题的策略、方法等。只有将这些成果作为一个整体来把握，才能全面理解研究者所提出的解决问题的基本思路与方法，提高解决实际问题的实效。但是，作为课题最终成果的有机构件，这些认识、策略、方法又是从不同的角度、不同的层次来反映所研究的问题的基本属性与实践的。同时，不同的阶段、不同的研究者，由于在研究中的分工和实践程度的差异，常常使所形成成果表现出一定的层次差异。这种差异，构成了中小学教育科研成果的丰富性，决定了对中小学教育实践活动改造、优化的多样性。

成果的阶段性与全程性。中小学教育科研课题成果的产生是贯穿于整个

① 刘贵华. 教育科研的时代使命与担当［J］. 教育研究，2018（9）：14.

研究的全过程的，而不是局限于某个研究阶段的产物。一方面，不同阶段的不同研究任务决定了各个阶段应当取得不同的研究成果，另一方面，同一研究成果在不同阶段的成熟程度是不同的，直到课题研究的最后阶段，历经了实践的检验，各项研究成果才得以成熟，并在以后的推广应用中更趋丰富与完善。同时，在各个阶段取得的成果常常反映了研究者在这个阶段的认识与实践所达到的高度，代表了研究者在这一阶段的认识与实践水平。不同阶段的认识与实践是成果最终得以成熟的基础。随着研究与实践的不断深入，成果将会更全面、更深刻地反映所研究的问题的本质。

（三）操作性

操作性，即研究者用以解决问题的具体的基本属性。"成果只有好用、管用，才能被教师乐于接受。因此，优秀科研成果应是真正产生于教学实践并解决实际问题的研究成果，对当前教育教学实践迫切需要解决的问题有针对性……"[①]

中小学教育科研课题以解决问题为归旨，操作性是它的基本属性。解决问题既蕴含于中小学教育科研课题的研究过程中，也反映在中小学教育科研课题成果的推广中。中小学教育科研课题的操作性决定其研究成果不能偏离实际应用，要直接作用于所研究的问题，并对其中存在的弊端进行革新、实施改造，具有典型的工具性、技术性。

对于研究者来说，课题研究成果是课题研究思路的实际表现，是改造教育教学实践的工具，需要在应用中得以检验、完善，因此，中小学教育科研课题的研究应将生成的成果不断地应用于问题情境。操作是对中小学教育科研课题的研究过程与成果应用的步骤解构。中小学教育问题的认识与解决是一个从模糊到清晰、从低效到高效的过程，将课题进行操作性解构是中小学教育科研的需要，也是成果应用的需要。

从课题研究目标与目的来看，中小学教育科研课题的目标实现是通过具

---

① 王慧. 地方教科所优秀教育科研成果推广策略的研究——以吉林省长春市教科所为例 [J]. 现代教育科学，2015 (6)：74.

体的操作得以实现的。中小学教育科研课题的一个重要特点是需要将预设的解决问题的假设进行实践验证，因此，在研究中需要将研究计划细化为具体的操作步骤。同时，中小学教育科研课题的实施过程是一个团队合作的过程。课题的基本假设、实施的基本环节和关键要点，需要被课题组的研究人员理解才能更好地得以执行。同时，中小学教育科研课题的成果，要被同行所理解、认同、应用，也需要对其适用的条件、操作要领等进行必要的界定。

从课题成果推广应用来看，中小学教育科研课题的成果需要走出原生地，在更大范围内加以应用，实现更大影响，转化为更大的生产力，实现对教育的改进。在空间上，经由实践检验的中小学教育科研课题成果不仅可以解决原生地面临的教育问题，而且可以指导解决更多地方的同类教育问题。中小学教育科研课题不仅可以解决当前面临的实际问题，而且对于解决未来面临的衍生问题也具有重要的指导价值。因而，中小学教育科研课题成果可以借助于推广应用走出原生地，在更大空间、更长时间内发挥作用，在应用中促进教育实践更加丰富多彩。

从课题成果价值实现来看，中小学教育科研课题成果的价值实现，离不开成果自身个性与成果共性的统一。判断成果的价值，应当坚持实效性与科学性相统一的标准。实效性与科学性的统一实际上就是成果的个性与共性的统一，即一项有价值的成果应当既能解决教育实践中存在的实际问题，又能客观反映教育的发展规律。

从课题成果内容来看，中小学教育科研课题成果往往是关于某一领域的具体问题的认识、思考与解决的策略、方法等。它是在特定的教育场景中产生和验证的，其内容与形式均应充分展示研究者对于解决问题的独到认识与操作，展现此项研究的特殊性。同时，中小学教育科研课题成果的基本思想、原理必须符合教育发展的客观规律，符合教育对象发展变化的规律，且能够为同行所理解、借鉴，为解决一定范围内的同类问题提供帮助，以体现其普遍适用性。在推广应用时，可以回归与原生情境相似的场景中加以验证和推广。

（四）创新性

无论社会科学研究成果的类型或形式多么变化多端，有一点始终不变，那就是最根本的评价依据始终是创新。这是社会科学研究生存与发展的最本质的要求。① 哲学社会科学成果的创新可分为直接创新和间接创新。直接创新意味着提出了新理论、新见解，或对原有理论或观点有完善，或对以往研究中出现的错误给予纠正等，是哲学社会科学创新的最重要方面。间接创新主要表现为开辟了新的研究领域、运用了新的材料或新的方法等，其意义和重要性在于它能推动和带来直接创新。②

中小学教育科研课题成果属于哲学社会科学研究范畴，哲学社会科学成果评价的基本要求就是创新，因此，中小学教育科研课题成果必须有新意，有创新性。"课题研究的本质是创新，新材料、新观点、新方法、新理论都属于课题成果创新的表现形式。"③ 通过中小学教育科研课题成果创新，可以为丰富教育理论提供鲜活的素材，促进教育理论不断完善；同时，缩短教育理论成果与教育实践之间的距离，避免科研与实践"两张皮"现象。

中小学教育科研课题是一种实践研究，其研究取得的成果具有明显的实践创造性。整个课题是一个从无到有的过程，需要研究者在广泛学习借鉴的基础上，立足于实际，针对具体的问题进行研究方案的设计，构建解决问题的策略，收集课题研究的证据材料，并接受其他研究人员的质疑。研究历程可以说是从新的方面或以新的方式把握了中小学教育教学的本质和规律，具有明显的创造性。

三、中小学教育科研课题成果类型

中小学教育科研课题成果反映了研究者针对具体问题的独特认识及其思考方式与行为方式的独特价值。"教育科研成果通常以文字、图表、图片、软件和音像制品等为主要表现形式，这就决定了其价值只能以解决问题的思想、策略等作为方法、手段而为教育实践者所采用，通过施加思想和观念的影响

---

① 金武刚. 当前我国社会科学研究的定量分析——兼谈社会科学研究成果评价体系的建构 [D]. 上海：华东师范大学，2001.
② 刘明诗，龚耘. 哲学社会科学成果评价标准探析 [J]. 南京政治学院学报，2014，30（4）：38.
③ 刘贵华，孟照海. 教育科研课题成果质量的九个问题 [J]. 教育研究，2015，36（9）：25.

来改变现实的教学方法、教育决策和教育管理。"①科研课题成果形态一般有论文、著作、研究报告（调查报告、政研报告）。中小学教育科研课题成果除论文、著作、研究报告（调查报告、政研报告）外，还应增加课例或案例研究、教学改革策略、经验总结、课程体系，等等。

从成果所反映的内容来看，中小学教育科研课题成果可以分成思想类成果（观点、思想、理论）、资源类成果（案例、叙事、实证数据）、方法类成果（教育教学、活动组织、方案设计）、证据类成果（课程体系、教学软件、教学经验）等。

（一）思想类成果

思想类成果亦称为基本认识类成果。它主要反映了研究者对研究的问题的基本属性的认识与理解。正确的认识才能引导正确的实践，新颖的认识才会引导创新的实践。思想类成果是由所研究的问题的内在矛盾决定的，主要反映的是研究者对所研究的问题的本质的认识和把握、对研究的问题的内部诸因素关系与规律的揭示，具有一定的深刻性和稳定性，是把握问题发展方向的基础，是指导具体实践的直接理论。在中小学教育科研课题研究中，研究者对课题的基本认识是引导其研究实践的重要前提和基础。因此，思想类成果既是解决问题的基本出发点，也是解决问题重要的、实际的理论指导，常常包括研究的问题是什么、研究与实践的现状如何、有哪些类型与特点、影响或制约问题解决的因素有哪些等，并通过研究报告、论文等形态表现出来。思想类成果是课题成果的基本内核，是其他成果产生的重要基础。

（二）资源类成果

资源类成果亦称为价值内容类成果。它是指研究者作用于实践对象，促进其发生预期变化的具体内容。从来源看，它是以思想类成果为指导，研究者对占有的可运用于问题解决、促进研究目标达成的相关资源的整理加工后形成的。从内容看，它承载着解决问题、实现目标的基本价值理念，是与具

---

① 郑世良，曹建清. 基于 Wiki 的教育科研成果的群体共享机制研究［J］. 科技管理研究，2010（2）：79.

体的教育情境紧密联系的，指向期待促成变化的改革内容和措施。在功能上，它既连接着思想类成果，又连接着课题研究实践，发挥着承上启下的作用。资源类成果按照转化的基本思路将可作用于实践对象的各种资源进行体系化加工，实现从抽象到具体、从零散到系统、从混乱到有序的转变。在实践中，它一般表现为干预实践对象而专门研发的教育内容、活动资源包、承载具体内容的电子化平台等。资源类成果的形成为实现课题实践干预提供了载体，也使得实践干预成为可能。同时，其可以由应用者结合具体的教育情境灵活取舍、组合，以增强和发挥其实效。

（三）方法类成果

方法类成果亦称为操作技术类成果。它是指研究者用以解决问题的具体的策略、方法。它以思想类成果为指导，具有典型的工具性、技术性，是改造教育教学实践的工具。独立状态的方法类成果是抽象的，实践是发挥其价值的重要渠道。通常，方法类成果借助于与资源类成果紧密结合实现从抽象化向具体化、情境化转变。方法类成果与资源类成果的结合，构成为达成课题研究目标的操作性干预体系，直接作用于所研究的问题及其承载对象，对其中存在的弊端进行革新，对教育教学实践实施改造。同时在实践中为改进研究与实践提供可靠的证据，使课题研究的假设→验证→调整……更加顺畅、自觉，尽可能避免研究团队因对问题理解差异而带来消极异变。方法类成果既是某一课题在研究阶段的重要成果，又是该课题成果进一步推广应用时改造实践、优化实践的主要技术手段。方法类成果一般表现为了解现状的工具（如调查问卷及使用说明、调查提纲等）、实施方案、评估标准、监测评估量表等具有典型的技术性特征的材料。

（四）证据类成果

亦称为实践叙事类成果。它主要是指立足于实践将某些认识或操作技术进一步具体化、个性化，以指导或反映具体的教育教学实践活动。它是认识与实践的结合，即认识的实践化、实践的认识化，具有初步抽象的特点；主要反映研究实践中的一些最基本的做法，即研究者改造具体的教育教学实践的具体做法或实际操作，常常是研究和教育实践的真实反映。其实质是实践性个性化案例，是思想类成果、方法类成果、资源类成果具体应用的结果之一，是研究者的革新理念与实践的生动再现。从应用的视角来看，它集具体、生动、直观的特点于一体，是中小学教师普遍认同和实践的成果形态，是中小学教育科研成果实现其价值精华的集中表现。一般表现为典型案例分析、研究心得或随笔、经验论文等文字材料或活动的录音、录像等音像材料。

以上四类成果在不同阶段的属性比较分析如表1-3所示。

表1-3 中小学教育科研课题成果属性比较分析

阶段＼类型	思想类	资源类	方法类	证据类
假说阶段	课题的核心概念比较明确，仍可以进一步精准化；其他方面有大致方向；整体上比较模糊	有大致轮廓或框架，缺乏准确分类标准和细节设计；整体上比较模糊	有方向性选择和构想，具体操作尚待进一步完善；整体上比较模糊	有方向性设计，但缺乏实践基础；整体上比较模糊
实证阶段	课题的核心概念进一步明确，并衍生出若干概念（子概念）。按研究内容涉及的领域进行分类探索，聚焦于认识问题、解决问题的关键节点形成理性认识，并在实践中不断细化、精确化	内容的框架比较明确，并得到细化。资源整理、遴选的思路得以形成，加工的方法逐渐明确，初步形成操作化的资源，并在研究实践中检验、完善。条理化、体系化程度不断提高	根据课题研究的关键节点形成具有操作性的技术要点，并在研究实践中检验、完善。数量不断增加，彼此之间的衔接性、互补性不断增强	出现若干生动的实践案例，且案例数量在分享中不断增加
成型阶段	形成对课题的系列认识，成果之间的逻辑性、系统性得到揭示，并能为方法类成果、证据类成果提供理论指导	资源与课题之间、不同资源之间的逻辑化程度高，体现适用于不同对象的特点，成为可复制的干预内容	理论依据扎实，全面覆盖认识问题、解决问题的关键节点，为认识问题、解决问题提供规范流程和方法	具体、生动地反映认识问题、解决问题的过程，使思想类成果、方法类成果变得具体直观

同时，上述四类成果基于教育实践成为一个具有整体性的树状结构（如图1所示），并成为中小学教育实践生态的有机组成部分，展现着其植根于广阔教育实践的强大生命力和创造力。

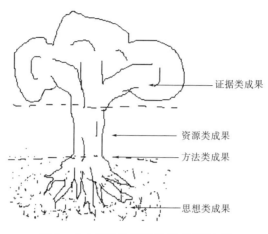

证据类成果

资源类成果
方法类成果

思想类成果

图1　中小学教育科研课题"成果树"

这些成果，除了极少数是以实物形态（如教具等）展示出来的，大多数是以文字形态和实践形态展现出来的。通过不同的表现形态，中小学教育科研课题成果不仅更容易被广大中小学教师认可、接受，而且可以使其在更大范围内得以推广应用。

第三节　中小学教育科研课题的成果展望

随着经济社会的发展和教育改革的深入，中小学教育科研课题研究的实践形态及其成果形态都发生着相应的变化。当前中小学教育改革和发展趋势及新时代中小学教育科研课题成果，对于促进中小学教育科研课题成果质量的提升，办好公平而有质量的中小学教育具有重要的先导作用。

一、中小学教育科研课题成果分析

中小学教育科研课题成果来源于中小学教育科研课题研究。成果质量受到区域和学校教育科研生态、课题研究实践、课题成果存储、课题成果应用等因素的影响。辨析影响教育科研课题研究的因素，审视教育科研课题成果的不足，是提升中小学教育科研课题成果质量的重要前提。

（一）区域教育科研生态多样性

从宏观生态的视角来看，中小学教育科研课题研究受国家教育政策的影响。目前，《中华人民共和国教育法》《中华人民共和国教师法》等教育法律法规均明确了开展教育研究是教师的基本权利之一，国家的教育政策也鼓励教师开展教育研究。《中华人民共和国教育法》第三十五条规定："国家实行教师资格、职务、聘任制度，通过考核、奖励、培养和培训，提高教师素质，加强教师队伍建设。"这为保障教师群体的专业性奠定了坚实的法律基础。《中华人民共和国教师法》将"（一）进行教育教学活动，开展教育教学改革和实验；（二）从事科学研究、学术交流，参加专业的学术团体，在学术活动中充分发表意见"作为教师的权利进行了明确规定；同时规定"为保障教师完成教育教学任务，各级人民政府、教育行政部门、有关部门、学校和其他教育机构应当履行下列职责……（二）提供必需的图书、资料及其他教育教学用品；（三）对教师在教育教学、科学研究中的创造性工作给以鼓励和帮助"。这些法律法规为中小学教育科研课题研究提供了重要的制度保障。同时，国家和地方教育主管部门的导向力度不断加大，将中小学教师的教育科研能力作为基本能力之一，在教师培训、教育改革、教育法规等方面作了明确的规定。

各地教育管理部门高度重视中小学教师参与科研课题研究，中小学教育科研蓬勃开展的局面正在形成。但是，部分地方仍然缺乏激励中小学教师参与课题研究的制度保障，难以调动广大学校和教师对教育科研的热情。在研究氛围、研究水平、成果质量等方面存在着区域差异。在经济和教育发展水平较高的地区，中小学教师的研究能力、研究水平较高。2014年、2018年国家两届基础教育成果奖评审结果，上海、北京等沿海发达地区的获奖比例、等次较高，而西部地区的获奖比例、等次则较低。这客观上反映了不同地区在中小学教育科研课题研究方面的差异。

从微观生态来看，不少学校把开展教育科研课题研究作为提升教师素质、促进学校发展、提升教育质量的重要手段，取得了积极的效果。如重庆市巴蜀小学长期开展"基于学科育人功能的课程综合化实施与评价"的研究，其成果于 2018 年荣获国家基础教育教学成果特等奖。但是，也有不少学校在教育科研课题的管理、课题研究的团队意识与研究能力等方面存在不足。部分学校的教育科研工作管理还存在散乱现象，教育科研没有纳入学校整体工作规划，学校教育科研的归口管理部门要么形同虚设，要么难以担负起管理的责任。加强对中小学教育科研管理人员、教师的科研能力培训是当前迫切需要解决的问题。

从教师的内在动机来看，许多教师有参加教育科研、促进自身专业成长的意愿，但是，部分学校存在教师配置上学科不配套、生师比不达标等问题，教师的工作负担过重，少有时间与精力进行深入思考与研究。同时，教师在研究的需求和能力上也各不相同。如何为教师研究提供相应条件和专业支持，激发他们的研究热情，是需要解决的问题。

课题管理主要由省、市（州）、县（区）的教育科研机构承担，他们为推动中小学教育科研贡献了重要力量。但是，不同区域、不同学校面临的问题不同，这需要科研机构将广大教师关注的问题纳入选题指南，引导教师确立合适的选题，有计划地开展教育科研活动。同时，坚持宏观引导与微观实践相结合，建立教育科研的区域推进制度和运行机制，营造中小学教育科研课题研究的浓厚氛围。

（二）小学教育科研课题研究实践的不足

中小学教育科研实践的力度直接影响着成果的数量和质量。实践是理论之源，也是成果之源。基于实践的中小学教育科研在长期的发展中形成了丰富的成果，产生了积极的影响。同时，仍存在着相应不足。

一是"两头热，中间冷"。迫于教育管理与考核评价的压力，部分单位在课题申报阶段、结题阶段投入大量的人力、物力、财力，以确保课题能立项和结题，但是对课题的研究实践阶段则关注不够、投入不够，缺少对课题研究实践的系统设计和扎实实践，存在不同程度的浅、散、乱的现象，导致教育科研课题成果的实践基础不坚实。

二是"两张皮"。在研究实践中存在理论与实践脱节的问题。主要表现为课题的理论成果与实践之间缺少必然的联系，不能有效地指导研究实践和教育实践；研究实践、教育实践理性不足，置相关的理论于一边，缺少对理论假设的切实验证。

三是缺乏成果的系统设计。中小学教育科研课题研究需要进行成果的体系性构建。但是，部分课题组对研究应取得的成果缺少整体预设，成果提炼力度不足、逻辑性不强，使得成果出现碎片化现象，缺乏对全貌的揭示，成果缺少深度、缺少系统性。

四是研究视野狭獈。高质量的中小学教育科研课题研究离不开对相关理论的学习、对同类优秀成果的借鉴。可以说，视野越开阔，理论越扎实，实践越有效，才可能取得理想的成果，成果的可应用范围才会越广阔。可是，部分中小学教育科研课题成果缺乏必须的论证、对同类研究的及时查新，过于局限于强调满足研究者的需要，对其适用条件的分析不清，使成果仅适用于一个特殊的场景，难以加以复制，难以在更大范围内推广。

五是缺乏团队合作。团队合作是中小学教育科研课题走向成功的重要保障。教学现实需要且强调研究过程与成果形成以中小学教师为主体，其他专业人员给予相应的指导。可是，实际上存在部分课题成果的生产者并不是具体参加研究的中小学教师。在成果固化阶段，过度依赖成果固化能力较强的其他专业人员，容易造成一线教师对成果的理解不透、理解不准，难以应用。

（三）中小学教育科研课题成果的存储

传统的中小学教育科研课题成果大多是以纸质媒介或电子媒介存储的。就纸质媒介来看，主要是将成果印刷成书籍、期刊等加以存储和交流。通常，一般会将成果通过投稿的方式发表在面向中小学教师、教育科研机构的相关教育理论刊物、学科领域的刊物上，如《教育科学研究》《上海教育科研》《教育科学论坛》分别是北京、上海、四川较为有代表性的区域性教育理论刊物；《小学语文教学》《小学数学教学》则是相应学科领域的代表性刊物；《教育研究》《中国教育学刊》《人大复印资料》等则是在全国影响较大的教育理论刊物。这些刊物会刊载一些中小学教育科研课题的优秀成果。有的课题组的终结性成果，则可能以专著的方式出版。就电子媒介来看，主要是通过将成果输入电脑，保存在电脑硬盘、移动硬盘、U盘等物理介质上。

这些存储方式具有存储简便、易操作等优点。同时，也存在着一些风险。如纸质媒介易受潮、易损坏、易遗失且数量呈绝对减少的趋势；存储成果的物理硬盘损坏、丢失可能造成成果丢失；邮箱、云盘则可能因人员变动、密码遗忘等原因造成成果无法调用。这些存储方式，也导致中小学教育科研课题成果检索难、传播范围小、应用不易、管理不便等困难出现。

（四）中小学教育科研课题成果的应用

走向应用是中小学教育科研课题成果生成的内在要求。方便利用则是中小学教育科研课题成果走向应用的关键因素。而制约中小学教育科研课题成果应用的因素主要表现在以下几个方面：

一是成果应用的推介平台较少。传统的教育科研课题成果推广应用通常是依靠口口相传的方式。课题管理单位对优秀成果的宣传推广应用具有关键作用，产生了较好的效果。但这种方式具有局限性。随着中小学教育科研课题成果越来越多，特别是教育科研课题成果被纳入常态化的政府教学成果奖评审范围后，如何方便地将获奖成果提供给广大中小学教师学习借鉴，目前还缺乏相应的成果推介平台，不利于成果转化为供更大范围、更多人群利用的公共教育资源。获得这些成果，仍需要通过电话、邮件等方式向成果生产者询问、索取，使成果借鉴、应用极为不便。

二是成果应用的交流不足。交流是促进中小学教育科研课题成果应用的重要环节。组织化的成果交流能够较好地实现一对多的传播，在更大范围发挥优秀成果的辐射作用。个体化的成果交流以一对一为基本特点，有助于实现对成果更加深刻的认识。目前，一些教育科研管理机构在所辖区域内就优秀的科研课题成果进行了有组织、有计划的宣传推广，但有着辐射范围小、受益群体少的局限。同时，也有部分学校愿意借鉴优秀成果，却苦于占有的信息有限，不便与成果占有者联系分享成果。如何开掘中小学教育科研课题成果交流、分享通道，发挥优秀成果的辐射作用，需要进一步探索。

三是成果的后续创新不力。中小学教育科研课题成果形成后，有的因束之高阁，没有得到很好的应用，缺乏了后续创新的条件。加强中小学教育科研成果应用的管理，搭建对已有成果应用的经验和交流的平台，促进成果的广泛应用和展示，可以促进现有成果的不断丰富和发展。

从上述分析来看，建设中小学教育科研的良好生态，提升中小学教育科研课题成果质量，变革中小学教育科研课题成果交流方式，促进中小学教育科研课题成果更好的走向应用，是值得充分重视的问题。

二、中小学教育科研课题成果存在的不足

有研究者据教育科研课题成果鉴定的情况指出成果的不足：碎片化、不聚焦、创新不足和低水平重复等现象明显。目前，教育课题成果质量的主要问题为内容与结构不科学、过程与方法不规范、结果与价值不管用。[①] 中小学教育科研课题研究团队自身的局限性及其他现实条件的制约主要表现为：成果意识淡薄，研究者不知道什么是成果，根本就没有想过形成成果；成果认识模糊，研究者分不清做法、方法，也分不清经验、教训；成果表述平淡，研究者成果表述逻辑不清楚，缺少层次与特色，缺乏系统、深刻的辩证思考。

归纳起来，中小学教育科研课题成果有以下明显不足：

（一）理论建构不足

中小学教育科研课题研究因研究团队理论素养积累不足，使得研究成果在理论提炼上存在明显不足，例如对于研究课题涉及的核心概念、成果内容等问题认识浅显，难以触及本质，成果在同行之间的认可度不高，传播不广。在成果体系中，大多以案例形式存在的证据类成果，导致思想类成果既没有自己理论内核的主张、观点，也缺乏规律的理性阐述，方法类成果既没有研究主题一致性，也缺乏逻辑性与层次性，出现头重脚轻的情况。

（二）系统梳理不够

成果的系统性是中小学教育科研课题成果的基本要求之一。但是，中小

---

① 刘贵华，孟照海. 教育科研课题成果质量的九个问题［J］. 教育研究，2015（9）：25.

学教育科研课题成果在系统构建方面仍表现出一定程度的不足。具体体现在，一是成果的内在逻辑性不足。部分中小学教育科研课题缺少对成果的顶层设计，使得成果之间缺少必要的逻辑性，"只见树木难见森林"。二是成果的层次性不足。教育科研课题的理论认识与实践成果在层次上不同，部分中小学教育科研课题成果不能反映课题研究在理论认识和实践成果上的层次差异性。

（三）成果形式单调

从成果传播效果看，广大中小学教师比较欢迎那些文字表达深入浅出和形式丰富的成果。传统的中小学教育科研课题成果的形式往往比较单调，表现为：一是表达工具单一。文字作为成果的表达方式，在定性表达和描述方面具有不可替代的优势。但是，仅有文字表达是不够的。对于许多课题来说，文字成为成果表达的唯一方式，缺少相应的数据对研究的过程、获得的结果做定量描述。由于数据等证据的应用不足，使得中小学教育科研课题成果被误认为只是思辨的结果。二是可视化程度不高。对大多数课题来说，缺少利用相应的图表来表现成果的关键环节和内容，成果的内在逻辑没有以可视化的图表呈现。有的课题出现了用文学化的语言对成果进行表达，使得成果难以体现教育科研活动应当具备的理性要求。

（四）成果共享不足

成果在应用中发展，在应用中丰富，在应用中完善。而业内对中小学教育科研课题成果评奖的关注度远高于实践应用，导致中小学教育科研课题成果共享不足。其主要原因，一是原创权利的保护。除了公开发表、出版或评奖之外，传统的中小学教育科研课题成果出于对原创权利的保护，通常仅限于内部交流与分享，很难辐射到课题组以外的其他群体。二是成果的存储形式的局限。传统的中小学教育科研课题成果多以纸质或非共享的电子媒介存储，缺乏面向公众的成果共享平台。以纸质形态存在的成果，对于绝大多数中小学教育科研工作者来说是难以高效地检索到的，要想获得自己需要的成果难度很大。非共享的电子媒介具有天然的排他性，决定了成果难以为课题组以外的其他人员所知晓和应用。

以上问题，是导致中小学教育科研课题成果不足的重要原因。提升中小学教育科研课题研究团队的专业素养，加强成果的推广、共享管理，是解决中小学教育科研课题成果不足的关键。

三、中小学教育科研课题成果的发展趋势

成果的转化与应用是检验中小学教育科研课题成果质量的试金石，也是中小学教育科研课题成果的生命力所在。走向应用是中小学教育科研课题成果的必然属性。从总体来看，应用主体越来越多，应用领域越来越广，是中小学教育科研课题成果走向应用的一大趋势。为中小学教育科研课题成果应用创造良好的条件，是中小学教育科研管理的重要任务之一。在这一背景之下，中小学教育科研课题成果的发展呈现出以应用驱动成果转化的总体趋势。

（一）成果生成不断优化

教育科研既是教育改革的重要前奏，也是教育改革的重要推手。自改革开放以来，我国的教育改革轰轰烈烈地进行着，教育科研为促进教育改革和发展贡献了智慧和力量。《中共中央关于全面深化若干重大问题的决定》的发布，标志着我国教育改革进入了深水区。依靠教育科研深化教育改革将成为我国加快推进教育现代化，办好公平而有质量的教育，落实立德树人根本任务的关键举措。《中共中央 国务院关于全面深化新时代教师队伍建设改革的意见》《中共中央 国务院关于深化教学改革全面提高义务教育质量的意见》等文件代表了党中央和国务院对教育改革中的关键要素的高度关注。这些文件是全面落实党的教育方针的关键性文件，是指导中小学教育改革和发展的重要纲领性文件。这些文件的出台，为中小学教育的深入发展指明了方向，也为中小学教育科研课题的确定指明了方向。

建立良好的区域教育科研生态，落实法律法规规定的职责，是教育科研生态建设的重要要求。抓住区域中小学教育科研生态的关键要素，制定针对性策略，是促进区域中小学教育科研持续发展、质量不断提升的重要保障。关于这些，由谁做和做什么是区域教育科研生态建设首先要解决的问题。《中共中央 国务院关于全面深化新时代教师队伍建设改革的意见》进一步强调，

"全面提高中小学教师质量，建设一支高素质专业化的教师队伍"；"开展中小学教师全员培训，促进教师终身学习和专业发展"；"使教师静心钻研教学，切实提升教学水平"。提高中小学教师的科研能力是促进教师专业能力提升的重要内容，对于落实和保障教师的研究权利具有重要意义。《中共中央　国务院关于深化教学改革全面提高义务教育质量的意见》着眼于"加快推进教育现代化，建设教育强国，办好人民满意的教育"，着力于"深化教育教学改革、全面提升义务教育质量"，从立德树人、"五育"并举、课堂教学、教师队伍建设、关键领域改革、组织保障等方面提出了明确要求。这些要求，为中小学教育科研活动提供了广阔的空间，为发挥中小学教师教育科研的积极性提供了宽广的舞台。可以说，前者旨在解决人的问题，后者旨在解决做什么的问题，二者相辅相成，为建设良好的区域教育生态提供了有力保障，将会使中小学教育科研课题研究的质量不断提升。

在具体的实施中，加强教师培训和课题指导是建设良好的区域教育科研生态的切实举措。在推进教育现代化的进程中，中小学教育科研课题研究是提升教师素质、提升教育质量、促进教育现代化的重要内容。自21世纪初推进基础教育课程改革以来，"中小学教师是研究者"这一观点已经得到了广泛的认同，中小学教师是能够开展教育科研课题研究的。但是，仍然需要不断提高教师群体的教育科研素养，把教育科研能力作为教师必备的基础能力，把教育科研作为必须的内容纳入对中小学教师的培训之中，针对中小学教师的切实需要开展有计划的培训。正确的引导可以避免中小学教育科研课题研究少走弯路，降低中小学教育改革的试错成本。我国特有的教育科研制度，在指导中小学教育科研方面积累了大量的实践经验，是指导中小学开展教育科研的重要保障。中小学教育科研课题管理部门深入到课题研究的现场进行专业指导，提高研究的规范性，解决研究中面临的实际困难，为生成高质量的中小学教育科研课题成果奠定基础。

（二）成果质量系统科学

随着成果提炼水平越来越专业化，成果认识更加清晰，成果梳理更加规范，成果表述更加准确。"基础教育改革研究的理论品性提升问题，也有待进入研究者的视野……尽管基础教育多是面向实践的研究，但基础性理论探究的意识不能淡漠。"①"沉浸于基础教育实践探索的我们，有时需要跳出来想一想：基础教育的改革对我们重新认识教育理论与实践的关系有哪些新的启示？基础教育改革实践是否强化了我们关于教育学理论研究的问题意识？基础教育改革是否推动着教育学、教学论和课程论等一些学科领域中概念的重建或者理论体系的更新？"② 聚焦于中小学教育科研课题成果本身进行分析，在未来一段时间，中小学教育科研课题成果含金量会越来越高，内在系统性将更加明显。系统化是指中小学教育科研课题成果以体系化的方式进行加工和展现。中小学教育科研课题成果的系统化表现为内容的逻辑化、序列的层次化等。

首先，是内容的逻辑化。中小学教育课题研究的内容逻辑化实质上就是教育的事理研究。"教育研究这一事理研究，涉及价值、事实和行为三大方面及其过去、现在和未来三大时态，涉及活动主体与对象、工具与方法等多方面错综复杂的关系，这是其事理研究'综合性'的表现。事理研究还要关注人作用下事物的转变、人与事物交互作用中多形态、多时态、多事态、多主体的多重多次转化。这一复杂特性可称之为'动态性'。"③ 中小学教育科研课题成果将进一步聚焦于研究的核心问题，从认识逻辑和实践逻辑两个方面展现研究的认识与实践。从成果内容来看，不同成果之间的认识逻辑和实践逻辑相互支持、相互整合，揭示研究团队对课题的认识与实践的基本轨迹，反映中小学教育科研课题所具有的理论性与实践性的统一，为课题成果实现复制、迁移奠定坚实基础。

其次，是序列的层次化。依据不同的认识和实践角度、程度，聚焦于研究课题，可以从时间、层次、研究主体等不同角度，将中小学教育科研课题成果划分为不同序列类型。不同序列的成果根据理性认识、实践操作的不同

---

① 杨小微，鄢力. 基础教育研究聚焦何处———从近两年教育科学规划课题申报与立项看我国基础教育研究的趋势与导向 [J]. 教育研究，2008（7）：31.

② 杨小微，鄢力. 基础教育研究聚焦何处———从近两年教育科学规划课题申报与立项看我国基础教育研究的趋势与导向 [J]. 教育研究，2008（7）：31.

③ 杨小微. 教育理论工作者的实践立场及其表现 [J]. 教育研究与实验，2006（4）：7.

按相应的层次进行归类整理，形成层次化的排列。

（三）成果形态更加丰富

中小学教育科研实践的丰富性决定了中小学教育科研课题成果的丰富性。在新的历史时期，中小学教育科研课题成果将会变得更加丰富。通常，同一个中小学教育科研课题成果，可以借助于文字、数据、图表等方式加以表现，实现成果形式的多样化。通过多样化表现，可以方便不同的人群对课题成果的准确理解、应用。

中小学教师是教育科研课题的主要承担者和科研课题成果的重要生产者。不同的专业背景、不同的研究着力点为创造不同形态的教育科研课题成果提供了重要条件。一方面，传统的中小学教育科研成果的表现形式也将更加丰富，满足不同使用者的需求将更加容易。另一方面，基于互联网技术的发展，中小学教育科研课题成果的形态将更加丰富，除了传统形态的教育科研课题成果外，以音频、视频为形态的成果将会越来越多。

最典型的就是中小学教育科研课题成果形态的数字化，即成果以数字形态为主要形式存储和表现。文字、数据、图表等仍然是反映中小学教育科研课题研究成果的主要工具，但是文字、数据、图表等将从传统的手写手绘、依靠纸质媒介为主要载体，转变为充分利用电脑输入、依靠电子化媒介为主要载体加以存储和呈现。

在现代信息技术高度普及和发展的时代，以数字化的方式对中小学教育科研课题成果进行存储和呈现，具有传统方式不可比拟的经济高效等特征。数字化的中小学教育科研课题成果将受到广大中小学教育科研工作者、中小学教育工作者的普遍青睐。同时，随着科研课题研究团队对现代信息技术的掌握、应用更加娴熟，以数字化形态存在的中小学教育科研课题成果能够方便研究者及时修改、调整、完善，研究者将会更加便捷地进行多样化、可视化加工，深刻地揭示成果的内在机理，促进后续研究和应用的深入。

（四）成果应用灵活便捷

如今，成果推广方式越来越网络化，包括成果库建立、网络互动、数据化视频等。随着经济社会的迅速发展，特别是 5G 时代的到来，利用现代信息技术手段对中小学教育科研课题成果加以存储是必然趋势。"基于教育发生的模拟推演，可以产生人工智能过程的算法基础，创造教育发生的真实情境；着眼于教育发生情境而不是个别教育行为，有可能建设人机融合的智能教育实体；注入人类文明传承的使命，才有'人工智能＋教育'的建设方向。"①信息化建设更多的是"人工智能＋教育"形态，也是中小学教育科研适应教育现代化、助推教育现代化的需要。当前，计算机软件及应用已成为大多数中小学的基本配置，充分利用这些基础设备设施服务于教育教学、服务于教育科研，是中小学管理与实践的需要。《教育信息化十年发展规划（2011—2020 年）》明确提出："到 2020 年，全面完成《教育规划纲要》所提出的教育信息化目标任务，形成与国家教育现代化发展目标相适应的教育信息化体系，基本建成人人可享有优质教育资源的信息化学习环境，基本形成学习型社会的信息化支撑服务体系，基本实现所有地区和各级各类学校宽带网络的全面覆盖，教育管理信息化水平显著提高，信息技术与教育融合发展的水平显著提升。教育信息化整体上接近国际先进水平，对教育改革和发展的支撑与引领作用充分显现。"规划还着力于缩小基础教育数字鸿沟，促进优质教育资源共享，提出"推进信息技术与教学融合。建设智能化教学环境，提供优质数字教育资源和软件工具，利用信息技术开展启发式、探究式、讨论式、参与式教学，鼓励发展性评价，探索建立以学习者为中心的教学新模式，倡导网络校际协作学习，提高信息化教学水平。逐步普及专家引领的网络教研，提高教师网络学习的针对性和有效性，促进教师专业化发展"。规划实际上直接指向教师在信息化方面的要求，为在信息化背景下利用现代信息技术开展中小学教育科研课题研究指明了方向。其中，2020 年基础教育信息化发展水平框架特别具有指导性，如表 1—4 所示。②

---

① 宁虹，赖力敏. "人工智能＋教育"：居间的构成性存在 [J]. 教育研究，2019 (6)：36.
② 教育部关于印发《教育信息化十年发展规划（2011—2020 年）》的通知 [R/OL]（2013-03-13）[2022-06-20]. http://www.moe.gov.cn/srcsite/A16/S3342/201203/20120313.133322.html.

表 1-4　2020 年基础教育信息化发展水平框架

1. 提升学校信息化建设基本配置与应用水平。根据各学校不同情况从以下主要维度确定发展基线和年度规划： ○各种信息化设施和资源的可获得性； ○学校教育信息化领导力、教师教育技术运用力、专业人员支持力； ○师生、家长对信息化应用的满意度。
2. 学校教育教学方式变革取得突破。根据各学校不同情况从以下主要维度确定发展基线和年度规划： ○教师信息化教学的习惯； ○知识呈现方式、教学评价方式、组织差异化教学等方面的变化； ○学生多样化、个性化学习方面的改变。
3. 信息化环境下的学生自主学习能力全面提升，主要维度包括： ○使用信息技术学习的意愿； ○运用信息技术发现、分析和解决问题的能力； ○健康使用信息技术的自律性。

进入 5G 时代，"教育发生的计算机模拟，以教育发生的构成性原理为设计依据，获得的模拟结果，能够充分体现学习中个体品质为文化所充盈的过程，具有理论上的和信息属性的真实。把学生内心体验呈现出来，就是把不可见的教育发生变成可见……作为探索智能化时代新型教育形式的一个方向，这将是'人工智能＋教育'带来的最重要的变化之一"[①]。借助网络实现中小学教育科研课题成果共享，促进中小学教育科研课题成果应用是时代的必然要求。

及时共享、多元应用更加明显。一方面，及时共享，能使中小学教育科研课题成果在较短时间内迅速被更多的主体知晓、理解、应用。共享是中小学教育科研课题研究不断走向开放、走向实践的基本需求和重要标志。通过共享，中小学教育科研接受同行的质疑，在质疑中进一步完善、提升、发展。从共享主体来看，共享主体越多则共享的范围越广、共享时限越迅速。从共享途径来看，线下平台与线上平台的交融是中小学教育科研课题成果实现共

---

① 宁虹，赖力敏."人工智能＋教育"：居间的构成性存在 [J]. 教育研究，2019（6）：36.

享的重要路径。组织化、区域化的线下成果交流、展示将促进中小学教育科研课题成果有计划、有组织地共享；借助专业化、主题化的互联网平台，优秀的中小学教育科研课题成果将会更快地在不同研究者之间、不同应用主体之间得到广泛的扩散，实现更大范围和迅速快捷的共享。

另一方面，多元应用。从应用主体来看，除了传统的中小学教育科研课题研究者（中小学教师）之外，广大的中小学教育管理者、教育科研管理者、教育理论研究者、教育决策者都可能成为中小学教育科研课题研究成果的应用主体。随着中小学教育科研的深入发展，中小学教育科研课题成果如何与本地、本校的教育实践紧密结合，实现为我所用，也是中小学教育管理者及科研课题研究团队必须思考的问题。理论研究与实践工作的需求，将在某种程度上使得中小学教育科研课题成果应用主体不断扩大。

从应用领域来看，教育决策、教师培训、教育教学实践、教育科研等领域都会对已有的中小学教育科研课题成果产生应用需求。从教育决策来看，优秀的中小学教育科研课题成果将会被纳入教育决策者的视野下，作为改进区域教育实践，推进区域教育改革的重要措施。从教师培训来看，优秀的中小学教育科研成果将成为教师培训的重要实例，引领广大中小学教师进一步关注相关成果，从成果中获得有益启发。从教育教学实践来看，广大中小学教师通过对优秀中小学教育科研课题成果的学习、借鉴，形成改造教育实践、提升教育理念的重要工具，使已有的中小学教育科研成果转化为现实的教育生产力。从教育科研来看，已有的中小学教育科研课题成果启发着广大中小学教育科研工作者不断探索新的领域，提升和丰富已有的研究成果，促进中小学教育科研进一步走向繁荣。

第二章　中小学教育科研课题成果库

在对中小学教育科研课题和成果进行系统深入探讨的基础上，本章将聚焦"成果库"展开理论探究。从研究对象视角看，成果库是本课题研究的落脚点、着力点；中小学教育科研课题成果则是本成果库区别于其他成果库的独特之处。深究成果库的本质属性和中小学教育科研课题成果库的特殊性，这既是研究本身的需要，也是进一步思考和开发成果库网络信息系统的基础。

第一节　中小学教育科研课题成果库的属性

分析中小学教育科研课题成果库的属性，必须从其本质内涵和类属外延两个方面进行全面厘清。在分析方法上，坚持以实物考察为基础，兼顾辞源分析。

一、中小学教育科研课题成果库是什么

概念是人类把握事物本质属性的最基本符号。按照普通逻辑关于概念定义方法的分类，用"属加种差"的方法对"中小学教育科研课题成果库"这一概念进行分析，即"中小学教育科研课题成果库是中小学教育科研课题的成果的库"。在具体分析这一概括所指对象的过程中，可以从众多具体事物的共有属性进行归纳，还可以从已有特定概念的内涵向具体事物求证，双向并行，同时结合中小学教育科研课题及其成果的实际，进而实现对其较为全面准确的把握。

（一）"库"的概念分析

从辞源角度看，"库"是一个会意字，从广（表示与房屋有关），从车，示意"车藏于房屋之内"，指储藏武器战车的场所。其本义为"军械库"，即藏纳兵器和战车的地方。① 后来，用"库"泛指藏贮物品的屋舍。② 再后来，随着人类社会生产水平的逐步提高，不仅物产更加丰富，而且认知产物趋于丰厚，语言文字日益丰富；以文字符号记载人类智慧产物的载体不仅越来越多，也出现了形式和内容交织的、越来越复杂的分类。比如，《新唐书·艺文志》记载："两都各聚书四部，以甲乙丙丁为次，列经史子集四库。"③ 1773年，纪昀总纂修编中国历史上最大的一部综合丛书，历时十五年，按经史子集四部分类，成《四库全书》。

就此而言，"库"兼具了实物仓库和智慧仓库意义，整体上表现出对事物存在方式的一种逻辑概括。这些事物具有某方面的高度相关、高度相似关系，或被判定归属为一个相较更具一般性、普遍性的类。同时，这些事物不是分散、个体地存在，而是被有意地集成在一个确有空间和时间的范围之内。这个范围表现出独特的、客观实物存在的样态，具有一定的内在逻辑，从而在人类思维和语言系统中被界定为"库"这一概念。

20世纪初以来，人类关于"库"的概念和存在，极其快速地拓宽了外延的边界。与"四库"所指的书类相似，一种新的"库"从信息技术工具（实物）内部诞生了。这种"库"，内在之物非实物现象，而是经过人类处理过的数字排列和集合。这些数字排列和集合，通过信息技术工具的转化，能够以视听感知的方式被人所感知。因此，现代意义上的"库"，具有了更为模糊的内涵和更为广义的外延，是一种能够集成、藏贮、处理某类事物的客观存在。类似"数据库""资源库""云库""智库"等新概念，已经进入现实社会生产和生活的视野。

传承中华优秀传统文化，站在历史新的起点，本书所谓的"库"主要是

---

① ［东汉］许慎. 说文解字［M］. 北京：中华书局，1985：308.
② ［清］王念孙. 广雅疏证（卷七上）［M］. 北京：中华书局，1983：208.
③ ［宋］欧阳修，宋祁. 新唐书卷［M］. 北京：中华书局，1975：1422.

指"在电子计算机上保存一系列同类资料或数据的文件，可以通过程序管理"[①]。其更多的是指向成果数据库，它是一个信息技术支撑的新工具与传统媒介相结合形成的特定智慧场域，呈现了人类关于某一领域智慧的结晶。

（二）"成果库"的概念分析

"成果"一词，原指"工作、劳动的收获"[②]，是经过研究、探索获得的结果，泛指人类从事生产劳动所产生的事物。这些事物有两种存在形式，一种是物质产品及其本身，即表层现象；另一种是事物本质规律，即精神或思想层面的深层次现象。前者的存在方式即在其自身，后者的存在则由于其需要被人类认知，以文字、图像为主的多种符号方式存在于媒介之中。

人类对世界和事物的认识越来越丰富而深刻，形成了生产和生活的无数个领域。成果库只是人类生产生活过程中的一类。任何时期，人们都在追求有门类、有层次、有条理、有内在结构的思想。为了更有条理地存储这些思想，严谨而科学的内部结构成为"库"的显性特征，从原始状态进化而来的、趋于具有现代性的"成果库"，逐渐成为各行各业的专业追求。

成果库是人类高级智慧结晶的集成和表现。从内容角度看，通常情况下，成果库专门用来存储处理某一个特定行业或活动领域的智慧结晶，这些内容具有相同的属性，反映该行业领域发展的历史轨迹和成果现状；从结构角度看，成果库有着严谨而科学的分类标准，纵向和横向之间形成多个"小网格"，分门别类地将所存储的内容区别开来。无论是成果库中所包含的内容，还是成果库本身，都反映了人类认识世界和改造世界的创造性劳动成果。

（三）"中小学教育科研课题成果库"的概念分析

如果说成果库是一个大而全的"集成和处理器"，它囊括了人类有关世界的所有认识，以及人类创造性地改造世界的所有行动（包括工具）；[③] 那么中小学教育科研课题成果库的内涵更聚焦，这种取向，与人类生产生活深化方

---

① 李行健主编. 现代汉语规范词典［M］. 北京：外语教学与研究出版社、语文出版社，2004：759.

② 李行健主编. 现代汉语规范词典［M］. 北京：外语教学与研究出版社、语文出版社，2004：164.

③ 梁继红. 学术研究成果库的资源分类与著录——中国档案事业史知识库建设研究之二［J］. 档案学通讯，2015（01）：24-27.

向是一致的，领域划分越来越细，在更多细分领域形成越来越多的创新成果。

中小学教育科研课题成果库主要包括致力于中小学教育教学研究的主体在从事中小学教育教学有关课题研究时所产生的成果。同时，按照前述有关课题的理论界定和现象描述，本书所称的中小学教育科研课题成果库，特指经过各级政府或教育行政部门组织专业评审，并予以颁奖表彰或通报表扬的优秀课题成果之集成。主要是按照一定的理论框架和分类方式，将中小学教育科研活动产出的规律理论和行动方案等成果，用传统纸质媒介和新兴信息技术相结合的手段，归纳、整合在一起所形成的数据集群。

经过大量的研究和实践，中小学教育科研课题成果库已经初步建成并投入运行使用，是以丰富的基础教育优秀教学成果为基本内容、以先进信息技术为支撑的网络化数据库系统，是优秀教学成果及其周边知识产物的集散平台。如前所述，中小学教育科研是一项特别重要的专业活动，主要不是基础性研究，而是应用性和综合性研究。其价值取向主要是为解决中小学教育教学实际问题；成果取向主要是形成以问题解决为中心的理论和实践方案，是实践导向、问题导向的。换言之，教学成果是中小学教育科研的重要产物。[①]本成果库，就是直接指向优化中小学教育教学实践的知识存储系统，以及确保该系统高效运转的信息化和长效化机制。

中共中央、国务院印发的《中国教育现代化2035》提出"建设智能化校园，统筹建设一体化智能化教学、管理与服务平台。……创新教育服务业态，建立数字教育资源共建共享机制……加快形成现代化的教育管理与监测体系，推进管理精准化和决策科学化"[②]。其中提到的"建立数字教育资源共建共享机制"，对于中小学教育科研课题成果库的建设与应用意义重大，影响深远。中小学教育科研课题成果库建设以数字资源视角来读懂我们所处的信息化时代，审视思考教育科研课题成果的数字化架构。唯有如此，中小学教育科研

---

① 王真东，尧逢品，杨贤科. 基于实践逻辑的中小学教育科研课题成果探微 [J]. 四川师范大学学报（社会科学版），2021，48（03）：114-118.

② 中共中央、国务院. 中国教育现代化2035 [EB/OL]. （2019-02-23）[2022-04-08] http：//www. gov. cn/xinwen/2019-02/23/content_5367987. htm.

课题成果在转化应用过程中才会增加价值、重构意义、叠加效果，真正将教育科学研究转化为"指导教学、服务决策、完善制度、引导舆论的实践成果"[①]，变为提高教育教学质量的生产力。

二、中小学教育科研课题成果库的类属

（一）成果库的一般分类

对事物的属性概念进行分类或者对事物本身进行细分，都是进一步认识事物本质属性及其种差的重要方法。《中国图书资料分类法》是文献资料分类的专业依据，是编制文献分类目录的首要规范，提供了权威的知识分类框架。该分类法的重点是对知识本身和知识事业史的分类，这对我们细分成果库具有重要的参考价值，也为我们思考成果库的一般分类问题提供了积极的启示。总体来说，不同的分类标准（维度），得到的分类结果往往是不同的。从多个维度对成果库进行分类，有利于更加全面地认识和把握成果库这一熟悉而陌生的事物。

如果把成果内容按《中国图书资料分类法》进行分类，那么相应的成果库就会表现出多个层面和学科领域特征，形成 5 个大部类、22 个基本大类、4 万多个类目成果库的庞大架构。现实中，既有依据这一维度、囊括多个系统科学的大成果库，也有聚焦细分类目建立的专业小成果库；而且与人类生产生活日益精细化趋势相应，专业小成果库的数量越来越多。

通常情况下，成果内容与成果所属的生产生活领域相对应，据此分类的成果库也相应地与特定生产生活相关。也就是说，成果库的这种分类方式，主要依据生产生活实践需要；实物库、知识库、综合库所反映的，是在现实生产生活中的应用领域。因此，需要注意区分的是，图书馆里的书籍，虽然具有实物的物理属性，但由于其是知识产物的主要载体，其实践功能也主要作用于精神活动，所以将其归纳为知识库。

按成果库的主要介质分类。凡被人类感知到、意识到、认识到的事物，

① 唐冉. 教育科研成果"四个转化"的方法与策略［N］. 中国教育报，2021-05-28（9）.

包括人类创造、创新出的事物，都会引起相应的现象发生。这些现象必然依附于客观物质，并能够被人类直接或借助工具间接地观察到。把这些具有存储功能的客观物质作为成果库的存在介质，并以这些介质存储成果的方式为分类依据，可以将成果库主要分为仓储类、纸质类、电子类。仓储类成果库主要用于存储实物类产品，是人类创新生产生活工具的集散中心，比如专利发明的收藏库、各类实物仓库和展库等。纸质类成果库主要用于精神类产品，顾名思义就是用纸张（包括竹简、布帛等）作为介质，比如系列丛书、百科全书等。电子类成果库的作用对象范围与纸质类相近，但成果库的存在形式是信息技术中编码语言及其程序系统控制的电子语言，比如个人电脑及其外接存储设备、网络化的成果系统等。

这三类介质是目前较为常见的成果库。虽然在不同的生产生活领域中，三类成果库的适用对象和范围均有所不同，但对成果的存贮方式和工具使用越来越走向综合化、系统化。仓储类成果库主要表现为中观世界的空间占有（房屋类结构），但对实物本身结构、性能和历史的介绍，主要采用的是文字或图表释义，这些文字或图表均依附于大量的纸质材料和信息化时代的电子仪器设备。同理而论，即使是纸质类和电子类成果库，在中观世界里也需要媒介支撑——纸张、硬盘以及信息化背景下的服务器等。

"技术正在重塑人类生活的各个方面，以信息技术推动教育变革、重塑教育体系成为世界各国的重要战略选择。"[①] 当今世界正在经历信息技术支持下的全方面快速发展。自计算机诞生以来，信息积累正在促进人类大脑向更高远的可能发展；自算法革命以来，"人工智能"正在支撑人类持续深入地了解世界。以前的很多猜想、思想，正在依托新的技术手段被证实或证伪，嬗变为新的猜想和思想。"纵观整个人类技术和社会的发展史，当前发生的信息技术革命，甚至大于工业革命对社会所带来的意义。历次技术革命所带来的影响不仅体现在经济领域，而且对于整个社会结构和社会形态都产生了深刻的

---

① 陈晓珊，戚万学. "技术"何以重塑教育［J］. 教育研究，2021，42（10）：45.

影响。"① 信息化的技术变革从一开始就不仅仅是形式和手段，而是世界变革的一部分。以信息技术为支撑的电子类成果库，正在以其强大的存储、处理和交流功能，使人类文明智慧发挥极尽的作用。

（二）中小学教育科研课题成果库的类属分析

从成果库所存储内容的性质角度看，中小学教育科研课题成果库属于精神产物库。中小学教育科研课题成果的主要表现形式，具体可分解为解决中小学教育实践问题的有关思想理论、政策主张和具体针对问题的实践策略、路径、方法及措施等。这些成果往往具有系统的科学性，从而表现出一定的理论建构特征和实践发展特征。同时，这些成果往往都是人类精神活动的产物，不可直接感知和触摸。

从成果库存储内容的介质和方式角度看，中小学教育科研课题成果库的传统类属主要是纸质库；但是，自信息技术飞快发展以来，中小学教育科研课题成果库已然快速向电子库类属方向变革。目前，一方面，受产业经济长久以来发展势能的影响，纸质库不可能在短暂时间内被消除，社会需要这种媒介的存在；另一方面，电子库还没有更好地解决安全隐患，社会管理和人类自我管理的规则及其执行，远未达到纸质库千百年来的成熟度，纸质库仍然具有电子库所不具有的优势。因此，中小学教育科研课题成果库的未来主要发展方向是网络化、信息化的电子库，但仍然有必要保留纸质库的类属。

2022 年 2 月，教育部举行了党组理论学习中心组集体学习暨教育信息化首场辅导报告会，怀进鹏部长在讲话时指出，习近平总书记高度重视信息化建设和数字经济、数字中国建设发展，多次强调数字化、网络化、智能化在中国特色社会主义现代化建设中的重要意义。教育系统要深入学习领会，认真贯彻落实，把教育信息化作为发展的战略制高点，以教育信息化推动教育高质量发展，以教育信息化引领教育现代化。"教育系统大力推进教育信息化、教育资源数字化建设，有基础、有能力、有优势，大有可为、大有作为，要牢牢把握'方法重于技术、组织制度创新重于技术创新'的工作方向，按

---

① 何哲. 新信息技术革命：机遇、挑战和应对 [J]. 人民论坛，2021（Z1）：8.

照'应用为王、服务至上、示范引领、安全运行'的工作要求和思路一体化推进建设与应用。"①

基于教育现代化、信息化视角,如果把中小学教育科研课题成果作为一种支撑中小学教育高质量发展的重要资源,作为中小学教育工作者更新认知、提升素养、创新育人的重要资源,那么中小学教育科研课题成果库必须尽快朝数字化和网络信息化系统的方向发展。也就是说,中小学教育科研课题成果库仍然是精神产物库,但须依附介质紧随信息技术和人工智能的发展步伐,从单一形态和以存储功能为主的电子库,走向网络技术支持的信息化交互系统。

(三) 中小学教育科研课题成果库的信息化优势与风险

作为一种信息化系统的中小学教育科研课题成果库,理想状态下的优势非常显著。一是由于其存储的成果本身是精神产物,成果本身不直接表现为实物,因此其电子化的存储方式决定其在中观世界所占的空间非常小,存储方便。二是由于其流通方式是信息化的网络系统,检索成果变得空前快速、便捷,信息流通也变得空前快速和便捷;成果推广应用所受的时空约束,因信息化的网络系统而被轻松突破。三是与纸质媒介相比,信息化的网络系统所产生的直接性环保污染非常少,而且还能实现多项成果的同步比较分析和基于实际问题的智能再优化。

当然,信息化网络系统形式的中小学教育科研课题成果库,必然也具有所有信息化网络系统的潜在风险。一是信息化网络系统是一种公共的技术手段,如何适应中小学教育科研课题成果的存储、处理、推广需求,需要多方面的倾力协作和深度合作,初期探索的成本很高。二是信息化网络系统的安全问题非常复杂,既涉及大数据技术,还涉及复杂的人与社会伦理问题,其中有关自建特色库建成后的版权保护问题尤为重要。因此,中小学科研课题成果库要真正发挥理想的功能,还有很多问题需要解决。三是信息化网络系统具有强大的集约性,中小学教育科研课题成果库在知识层面的集成特征,

_____

① 高毅哲. 以教育信息化推动教育高质量发展 [N]. 中国教育报, 2022-2-22 (1).

对相应的运行管理提出非常大的挑战。成果集约了，责任就集中了，传统意义上和社会结构有关的管理及工作规则，都需要结合信息化实际进行创新建构。

归结起来看，中小学教育科研课题成果库的库容范围很小众。成果库必须尽快发展为成熟的信息化网络系统，才可能支撑信息时代的教育高质量发展变革。信息技术作为人类认识世界、改造世界并呈快速发展态势的新手段，已经让世界各领域的信息化趋势不可逆转。教育信息化是教育现代化的重要标志和不可或缺的重要支撑与助推力，也是当今世界教育改革发展的时代特征。[①] 网络信息化系统形态的中小学教育科研课题成果库，必然以越来越高级的数据库技术和交互手段，实现小众成果库的发展"大作用"。

第二节　中小学教育科研课题成果库的演变

总体而言，成果越丰富，技术越先进，成果库就越高级。内容与形式始终处于动态适应的辩证关系之内。生产力决定生产关系，生产关系反作用于生产力，二者的相互作用构成动态的适应矛盾运动。从总量看，人类社会的生产力发展水平越高，与物产和精神丰富程度有关的知识也会越丰富，与中小学教育相关的教育科研课题成果也越深刻，中小学教育科研课题成果库的数据处理动作和技术要求也就越复杂多样。教育改革要深入，离不开教育的外部关系和内部规律一般框架建构，不能无视教育实践中的永恒主题，不能抛弃原有教育教学的成果。中小学教育科研课题成果库一定是与时俱进的，用不断进阶的适宜形态为当下的教育工作者提供智慧服务。

为进一步全面准确地把握对中小学教育科研课题成果库的基本认识，有必要在梳理"库"和"成果库"的一般认识基础上，聚焦"中小学教育科研课题成果库"，就其发展演变历史进行单独梳理。辩证唯物主义和历史唯物主

① 陈晓珊，戚万学. "技术"何以重塑教育 [J]. 教育研究，2021，42 (10)：45—61.

义哲学观是具体问题具体分析的两个最有用的武器。同时，为了与聚焦"计算机数据库"的历史分析有别，我们主要从中小学教育科研课题成果库的库藏内容表现形式、工具媒介和成果管理这几大视角，把它的历史演变分为三个阶段。

一、传统媒介的成果库阶段

这一阶段的中小学教育科研课题成果库具有特别重要的奠基价值。大致时间为 1889 年之前，即美国科学家赫尔曼·何乐礼（Herman Hollerith）研制出以电力为基础的电动制表机，用以储存计算资料之前。这一阶段的历史周期很长，是人类有关教育的基本认识、基本主张和实践智慧生成的基础。在漫长的教育积累、变革、发展历史中，产生了中小学教育科研课题成果较为全面的基本学科要素和结构，并趋于学科系统化。

有关教育思想、教育主张和改革举措等成果，以中观实物——主要是竹木、石材、纸张和油墨等为工具媒介，以成果报告、相关论著为文字、文体表现形式。成果库的具体物质形态有单篇文章，也有多篇文章或系列推论、论证书籍，还有以藏书和开放借阅为主要功能的图书馆等。1997 年以来，四川省教育科学研究院收集了全省 1500 余项优秀教学成果，形成五本《四川教学成果》和一本教学成果汇编，本质上就是以传统媒介为主要功能载体的成果库。

相应的成果管理方式，是将成果印刷成可被人类视觉感知的纸张、书籍，进而可以建成更为丰富的具有图书搜集、整理和收藏功能的图书馆。这一阶段，虽然成果数量非常丰富，但学科的系统化特征还不够凸显。其中，文章或书籍的编印、收录、分类存放，以及图书资料的借阅机制等，是这一阶段成果库管理的主要内容。因此，学科内的成果库处于不细分、不系统、不发达的传统媒介状态。

二、初始电子化的成果库阶段

电动制表机发明后，应用范围极为有限。19 世纪末 20 世纪初，人类社会的生产力发展水平越来越高，生产活动越来越活跃、充分与复杂，人类的手工计算方式和计算能力越来越显得力不从心，一种代替人类计算而且特别快速、准确、简便的机器工具发明诞生，那就是 1946 年问世于美国宾夕法尼亚大学的电子数字积分计算机 ENIAC（Electronic Numerical Integrator And Calculator）。这种技术在发明之初主要用于军事，较少用于其他领域。但是，在后来的 30 年内，这一技术不仅实现了多个数量级的发展，而且开始被广泛应用于社会生产和生活的多个方面。这一阶段的革命性，在于信息的电子化，并按照电子化存储数据的水平，可以分为两个时期来分析。①

第一个时期是初始状态的电子化存储阶段：机器运算。这一阶段的初期，以传统媒介为载体的人工计算方式，无论是计算速度还是准确度，都跟不上快速发展的生产实际了。电子化机器运算的速度和准确性日益凸显并被人们所青睐。计算机以数值计算功能为主，初具逻辑计算功能；但电子化的存储记忆功能很有限，对人工的依赖程度较大。

这一时期的信息可以脱离纸张上的文字表达方式被人类感知，通过大量分类、比较和表格绘制的机器运行穿孔卡片来处理数据，机器运行的结果在长长的纸带上被打印出来或者制成新的穿孔卡片。这一时期的数据管理，就是对这些穿孔卡片或打印痕迹进行物理的存储和处理，工作量非常大。

第二个时期是高度发展的电子化存储阶段：文件系统。这是将人类熟悉的手工文件计算机化的一种早期方法。随着数据量的增加，数据的存储、检索、交叉引用和维护成为紧迫需要，数据结构和数据管理技术迅速发展起来。计算机自身的物理结构日益复杂，基于计算机硬件条件变化的编程技术即软件系统得到空前快速的发展。其中，基于电子技术的文件形式多样化成为成果库的新发展特征，数据库的存储记忆功能完全实现电子化，功能实力空前巨大，在一定意义上解放了人类大脑的记忆负担，强化了人类大脑的信息处理能力。

---

① ［英］托马斯·M. 康诺利，卡洛琳·E. 贝格. 数据库系统：设计、实现与管理（基础篇）[M]. 宁洪，贾丽，张元昭，译. 北京：机械工业出版社，2016：5.

电子化的数据开始以文件形式长期被保存在计算机外部存储器的磁盘上。相应地，成果管理依赖于电子化和可视化的文件系统技术。多种形态且快速升级的物理材质和功能层级的存储工具，比如磁盘、VCD、DVD 以及 U 盘和大容量移动硬盘等，就是这一时期成果库的典型代表。

三、基于数据库的信息化系统阶段

随着生产力水平的进一步提高，物质产品和智慧成果越来越丰富，基于文件系统的局限性逐渐显现了出来。文件系统里的数据不能完全反映和响应复杂多变的现实世界，文件存储的数据与数据之间显得分离和孤立，同时存在冗余、依赖和文件格式不相容现象，数据查询只能到达单个文件但不能关联多个相关文件。面对更为复杂的数据存储、计算和运用需求，数据与类似文件系统的应用程序必须独立进阶。由此，计算机的运算规则发生了新的变革。一个逻辑相关数据机器描述的共享集——数据库诞生了。这一新技术是一个可以包容巨量数据且可以被多个用户同时使用的大数据集合。所有数据被集中存储在数据库里，数据库独立于应用程序之外，允许多个终端的应用程序同时访问，消除了冗余、格式不兼容、不能更充分地进行逻辑运算和实时共享等问题。这一阶段，也可以分为两个表现水平来分析。[①]

第一个是数据库管理系统 DBMS（Data Base Management System）。计算机自诞生以来，就因其处理数据的快速、便捷、准确而被越来越多地应用于各领域。随着计算机在数据管理方面的广泛应用，人类对数据共享提出了越来越高的要求，传统的文件系统技术已经不能满足人们的新需要，能够统一管理和即时共享数据的数据库管理系统应运而生。DBMS 是一个与用户的应用程序和数据库产生相互作用的软件。数据库中的数据，既包括成果本身的数据，还可以对这些成果进行描述，在成果数据之间建立起一定的逻辑结构，实现对成果数据的交叉引用。人们借由数据库管理系统这一软件，可以在终

---

① ［英］托马斯·M. 康诺利，卡洛琳·E. 贝格. 数据库系统：设计、实现与管理（基础篇）［M］. 宁洪，贾丽丽，张元昭，译. 北京：机械工业出版社，2016：8—10.

端运行一个应用程序，对数据库里的数据（包括数据类型、格式、结构）进行定义、插入、更新、删除和检索。

这一阶段的成果库，其库容成果的表现形式仍然是转化为电子呈现方式的文字图像及音频等，结构形式既包括了表格型等关系数据，还包括实物图像式的图书等非关系数据。工具媒介仍然是计算机和相应的软件系统，只不过硬件和软件系统都发生了再一次的升级变革，硬件的集成性更强，运算能力更强大，软件的复杂运算技术更成熟。成果管理内容也变得更加丰富多元，既包括成果库的数据库建设、管理系统设计和应用程序开发，还包括成果库具体数据的定义、录入、描述及删除，等等。同时，这些管理工作因为对计算机硬件和软件的媒介依赖，变得越来越专业，越来越挑战人的能力，激发人类新的智慧创造。

很多图书馆、图书室使用计算机对馆藏的书籍进行信息化整理和管理，后来还可以在计算机上实现对图书馆的虚拟化，在计算机上就能快速查找到想要借阅的图书的分区、书架和层次等位置信息，能快速浏览图书资料的主要内容介绍，甚至以电子书的形式被收录于数据库之中。类似这样的数据库系统，就是这一阶段中小学教育科研课题成果库的典型代表。

第二个是 Web 互联网数据库。随着信息技术自身的不断发展，关系型数据库系统的局限性逐渐显现。DBMS 数据库和后来的高级数据库，虽然能很好地处理表格型数据，但是不能处理因技术自身变革产生的越来越多的、复杂类型的数据。其复杂性高，规模往往很大，硬件和软件的成本费用也很高，成果数据转化难度较大，性能相对较低，而且一旦发生故障，往往会产生较大的影响。

随着互联网技术的出现，20 世纪 90 年代中期，第一代互联网数据库出现了。自此，新型数据管理技术——面向对象概念建模以及开放数据库互联技术，使得同一个应用程序能够访问不同的数据库服务器，不同终端的不同应用程序可以访问同一个数据库服务器。划时代的互联网技术开启了信息技术爆发式的革命。

这一阶段的成果库，在前代数据库系统的基础上，加入了互联网技术、成果互联互通、共建共享愿景，获得了最先进的技术支持。成果表现形式虽然仍是前一阶段的延续，但终端硬件很快从计算机拓宽到了所有电子产品，比如手机、平板电脑、手表和专门的终端设备；软件技术快速发展，实现了终端与数据库以及终端与终端之间的数据分享；网络通信设施发生量级的革新，从有线走向无线，从电子通信向量子通信迈进，数据传输的安全性、稳定性和有效性更加有保障。

经过研究和实践，我们已经建成了依托互联网技术的中小学教育科研课题成果库。这个数据库拥有"云平台"的先进硬件支持，研发了依托第三方"表单系统"支持的系统软件，还在成果数据有关定义和管理上进行了有开创性的实践探索。在中小学教育科研课题成果库的规划、建设、运行、管理等多个方面，构建形成了可持续的实践模式。中小学教育科研课题成果库已经成为四川省中小学教育工作者重要的泛在学习的课程库。[①]

第三节　中小学教育科研课题成果库的功能

目前，经过大量研究和实践，我们选取四川省基础教育相关部门的一些教学成果，建立了中小学教育科研课题成果库，采用信息技术支持的网络系统化手段对中小学教育科研课题成果进行更有价值和意义的数据处理。

一、中小学教育科研课题成果库的现实意义与理论价值

中小学教育科研课题成果库的重要使命，是将众多经专业评选认可的优秀成果置于更广泛的中小学教育实践中去检验，同时发挥这些成果应有的、广泛的积极社会效益，更多、更好地解决中小学教育的现实问题，推动教育全面深化改革和高质量发展。[②] 中小学教育科研课题成果以改进实践为重要直

---

① 李明隆. 教育科研成果库建设的课程视角 [J]. 四川教育，2019（22）：30.

② 王真东，杨贤科，尧逢品. 中小学教育科研课题成果的不足与展望 [J]. 上海教育科研，2021（02）：23-28.

接目的，具有其结构功能主义视角下的特殊性。中小学教育科研课题成果库旨在从不同方面展示成果的特征，揭示成果的规律。通过中小学教育科研课题成果库建设，促进广大教育科研工作者对中小学教育科研课题成果的基本属性的再认识，以"特""新"为基本方向，探索形成科学的、能够满足应用需要的中小学教育科研课题成果分类体系，明确成果展示的基本要素，探索基于信息技术平台的恰当的教育科研课题成果呈现方式，为满足不同主体的需求奠定坚实基础。

中小学教育科研课题成果库是一个独特的系统，有着鲜明的价值主张和功用追求。我们认为，把这些成果通过网络信息化的方式展示出来，更加便利地为需求者提供检索参考，代表了新时代科学研究更宽、更远的战略视角，那就是在强调基础研究的重要性的同时，把研究成果的转化应用提升到更为重要的高度，作为深化科学研究价值的必要方向。优秀的教育教学方案如何更加及时、广泛、持续地让教育工作者接触到、理解透、应用好，是各级各类教学成果评选奖励实施的延伸方向。学校教育教学面临的问题，绝大多数在本质上是一些永恒的话题；之所以会变得特别不一样，主要缘于面对问题的主导者（教育工作者）的实践经验、知识结构和主观意志不一样。因此，优秀教学成果对问题本身有着更精准的分析，能够更加全面透彻地把握相关问题的诱因，并形成更为系统有效的教育教学改革方案，促进应用主体更有效地解决问题。也就是说，当一个教育工作者面临问题时，如果能及时检索到高相关的成果，必然有助于其快速有效地提高对问题的认识、对诱因的把握、对行动方案的规划和实施。

同时，人类的认知规律告诉我们，亲身体验、主动探究所得的成果，由于其理性建构过程的印象更深刻、感性层面的个人成就感更强烈，使得直接经验总比间接经验更加贴近情境实际，更有说服力和可操作性——无论间接经验多么好，直接经验总是更容易与已有经验或知识建立同化联系。① 加之，教育是一项最为复杂的人类社会活动，几乎不具有批量重复的可能，新入行

---

① ［德］叔本华. 叔本华思想随笔［M］. 韦启昌，译. 上海：上海人民出版社，2008：3.

的教育工作者、面对新学生群体的教师，都面临着未知的挑战。因此，各个层面必须建立健全保障机制，鼓励他们开展课题研究。这些课题研究在学理上可能不具有创新性，但在实践上具有创造性。从这个意义上讲，建立中小学教育科研课题成果库，会给研究者尤其是实践者提供更直观的研究视角、研究方法、研究框架和行动方案，中小学教育科研课题成果库是获取实践创新育人方案类成果的高效途径。研究者可以在学习参考已有研究成果的成熟经验、成功策略基础上，为自己找到适宜本校本地的"科研兴教"之路。

更为重要的是，一方面，以信息化系统为主要样态的中小学教育科研课题成果库，充分体现了教育教学成果的实践特性，更有利于将这些成果转化为教案、决策、制度和舆论。期刊论文库、学位论文库、著作图书馆等侧重点是很鲜明的，他们着重凸显论文、著作在体系化知识和理论方面的贡献，即学科构建；如果说与实践问题相关，但也由于其抽象的学科理论和学术想象，导致论著成果与后续实践问题之间出现较大跨度的转化过程。相比而言，中小学教育科研课题成果库中的成果，有一套相对成熟和固定的呈现方式，其中对于问题的描述和改革举措的适用条件分析，都会对后续相关问题乃至延续性问题有直接的指导作用和启发价值。简言之，受所存储成果的价值取向影响，论著成果库的理论贡献更甚，中小学教育科研课题成果库的实践贡献更大。

另一方面，中小学教育科研课题成果库以一种行动研究的方式，将成果推广应用植入科学研究，拓展了教育科学研究的视野和现实路径。陈宝生在第五届全国教育科学研究优秀成果奖颁奖大会暨全国教育科研管理工作会议上指出，教育科学研究可划分为理论生产和转化应用两个阶段，合起来才是一个完整的科学研究过程。他强调，理论生产结束后，要转向成果转化应用阶段，将成果转化为教案、决策、制度和舆论。[①] 成果的转化、推广和应用，既是科学研究的必要检验环节，也是科学研究实践价值的社会公义。但是，

---

① 陈宝生. 把握时代脉搏和教育规律 促进教育事业科学发展 [J]. 教育研究，2017，38（1）：6—8.

这种转化必须有相应的制度和具体的机制做支撑。教育部于 2019 年 10 月 24 日印发的《关于加强新时代教育科学研究工作的意见》（教政法〔2019〕16 号），是新时代教育科学研究关于成果推广应用的制度保障。基础教育国家级优秀教学成果资源服务平台、四川省基础教育教学成果库的建成和投入使用，以及教育部基础教育司的成果推广应用示范区建设，出台的"五项管理"系列政策，四川省教育科学研究院研发的中小学课堂教学评价指导意见、义务教育学校作业设计与使用指导意见等，则是促进优秀教学成果在全国范围推广应用的实践举措。

二、中小学教育科研课题成果库的现实功用

"能够做出推论的是理论，而不是数据本身以及数据挖掘的结果。所以，社会科学理论与数据挖掘的对话对预测模型的推论能力至关重要。"[①] 因此，中小学教育科研课题成果库既是一种成果的数字化存储平台，也是一种成果的数据化资源集合，还是一种研究和实践资料的推广应用渠道。我们认为，中小学教育科研课题成果库既具有一般成果库的常用功能，也具有一些特殊的新功能；它既是中小学教师从事科研的高水平资源库和优质"智库"，也是学科理论专业发展的"活水源"。成果库的这种资源载体和信息化交流特性，决定了其本身也是一种资源，同时具有存储、检索、统计、互动、对比和管理等功能。

（一）导入、存储成果

中小学教育科研课题成果是关于中小学教育的智慧产物，本质上是一种非物理形态的客观存在。这种客观存在依靠实物外显的方式，包括文字、图像、声音、实物在内的多元事物及其运动，被社会感知和传承。这些外显的方式，是人类千百年来形成的个体与世界相联系的特有社会属性，是人类赖以感知存在、表征存在以及感知间接经验和已有知识的主要方式。即使是计

---

① 罗家德，刘济帆，杨鲲昊，等. 论社会学理论导引的大数据研究——大数据、理论与预测模型的三角对话 [J]. 社会学研究，2018 (5)：118.

算机编程和网络系统的源代码，目前仍是少数专业人员才掌握和熟悉的信息表征手段，普通大众仍然以他们所熟悉的文字为主感知这些智慧的客观存在。

通常情况下，中小学教育科研课题成果已经被文字表述所承载，表现为我们常见的成果报告。经过专业技术人员开发的成果库，需要首先把这些成果报告导入成果库里；其背后的数字化、电子化处理的原理和过程，由于专业限制和侧重不同，在这里就不予深入探讨。这一活动过程，就是成果库的存储功能的实现过程；存储功能，就是中小学教育科研课题成果库的最基本功能。

但是，就像所有仓库不能没有内部结构和功能区分一样，中小学教育科研课题成果库在建设之初，就有专业支撑背景下的总体框架和内部结构思考。图书馆必须是有分类、分区的，不只是任由图书随意堆放；必须发挥更多功能，提前科学地规划结构和内设配备。中小学教育科研课题成果库也是一样的道理，必须建立起合理的结构。

中小学教育科研课题成果库的一级结构有五个：所属区划、评选时间、适应年段、学科领域、获奖等级。其中，地域特征主要与行政区划相对应，目前主要考虑国家级、省级。评选时间从 1997 年四川省开展第一届普通教育教学成果奖评选起，往后每四年一届，截至 2021 年共产生七届普通教育教学成果奖。适应年段目前主要考虑基础教育、职业教育、高等教育，其中有针对交叉或跨学段的九年一贯制、完全中学和十二年一贯制学校。领域和学科包括教育基本理论、教育管理、教育信息技术、德育与心理健康教育、课程与教学改革、教师教育、体育与艺术教育、民族教育、学前教育、教育发展与改革，以及中小学的全学科课程。获奖等级按当年相关成果所获政府奖励的等级而定，目前设置有一等奖、二等奖、三等奖；还会对接国家级教学成果奖和四川省关于优秀成果的奖励等级设置实际，在成果库中增设特等奖。

另外，成果库在录入成果报告时，会单独记录每一项成果的名称，并把所有的成果名称生成为一个既独立又与成果报告相关联的、可供检索的成果名称清单。成果名称清单和其他五个一级结构一起构成中小学教育科研课题成果库的整体内部结构，彼此之间既相互独立又借助具体的成果报告数据相互关联。

（二）检索、查看和导出成果

检索功能，是信息技术支持下的成果库最重要的功能。从介质性质角度对成果库的分类来看，检索功能是对传统仓库类、纸质类成果库的极大突破。与传统介质条件相比，信息化系统检索的突出特点就是快速、便捷、准确。传统介质条件下，对人的大脑记忆能力要求非常高，即使采用便笺式的记录和检索方法，也需要人的大脑首先有很强大的记忆能力。"能量高度自动化的机器曾经终结手工时代，通用人工智能将成为高度发达的社会大脑所生成的高度自动化的社会机械通用智能，脑工终结时代正在来临。"① 信息技术极大程度地解放了人的大脑，尤其是对记忆这一级的认知能力要求，信息技术工具既是库，也是信息化了的人类大脑；从而为人的大脑进行关联、整合、创新提供了更大可能。

中小学教育科研课题成果库设有检索栏。检索者需要运用终端设备输入关键词，点击"搜索"按钮后，系统自动将输入的关键词与中小学教育科研课题成果的名称进行数据比对，并根据一致性情况判断比对成功与否；若比对成功或者部分字节一致，则将对应的成果列表推送到系统终端，供检索者辨识。同时，还设置了叠加条件的功能，可以直接点击相应的条件，比如年段、学科、等级、时间等，从众多成果中进行更为精准的二次、三次高级检索。

通常情况下，检索与查看、导出功能是一个系列的关联功能。信息技术条件下，查看和导出功能也比传统介质条件时要强大得多。检索者对检索结果进行辨识和判断后，可以点击需要的成果，查看成果具体内容。如果需要线下保存所检索到的成果报告，则点击"导出/下载"按钮，成果报告将以PDF的数据格式下载至用户终端。

---

① 刘方喜. 脑工终结时代的来临：通用人工智能机器生产工艺学批判 [J]. 社会科学战线，2022（03）：153.

（三）统计有关数据

信息化网络系统具有便捷、准确、灵敏的数据统计功能，这也是中小学教育科研课题成果库采用信息化技术作为支撑的另一个重要优势。前提条件是，成果数据被导入成果库系统时，成果名称、所属区划、评选时间、适应年段、学科领域、获奖等级等数据与成果报告内容（即成果）之间是准确的关联关系，同时，系统对系统内发生的所有终端设备操作行为具有准确的辨识和记录功能。前提条件具备的情况下，中小学教育科研课题成果库的统计功能就能够精确实现。当然，这种统计主要以量化记录为主，并用数字、统计图等形式予以体现。

中小学教育科研课题成果库借助统计功能，能够使相关数据发挥重要的事业改革和发展决策咨询建议作用。通常情况下，数据是不具有特别属性的，只是一些没有社会意义、只有数字表征意义的符号；有必要从数据库关于成果分布的内部结构和数据库本身的技术结构出发，深度挖掘这些数据与教育事业发展的关系，从总体上掌握中小学教育科研课题成果概况，从具体的点上了解这些成果反映的教育发展情况，以及分析成果库在运行过程中记录的终端使用行为，描述目前教育发展的热点、难点问题，预测可能的发展方向。

中小学教育科研课题成果库的数据统计项，具体包括热门关键词、热门下载，分别记录检索者在系统中输入的关键词和下载的成果篇目；包括所属区划、评选时间、适应年段、学科领域、获奖等级等五个结构点，其中适应年段和学科领域是最具有教育事业意义的统计项。这两方面的数据，反映的是中小学教育科研成果的分布情况，以及检索者关注问题的汇总，能够对中小学教育改革发展的有关决策给予积极的建议。另外，统计项还包括成果库系统中分时段的注册、登录、点击、搜索、评价等实时的数据，为成果库管理人员提供及时的工作反馈。

如前所述，这些数据必须与教育事业进行关联，才能产生应有的价值。"迄今为止大数据的研究方法论主要是探索性数据分析方法论，应被看作为教育研究提供了新的补充的途径而不是替代的途径。"① 数据本身不会自然而然地揭示世界规律。同时，教育是一项基本公共服务，这些数据不是秘密，可以公开为更多的研究和决策提供数据参考。因此，目前这些数据是开放的、公益的；如果未来的有关机制和经费保障力度不减，中小学教育科研课题成果库就能够继续以开放、公益的方式运行，供全社会的教育工作者和关心教育事业的人士使用，最大程度发挥这些数据的社会效益。

（四）互动式发表评论

设置互动评论区，是中小学教育科研课题成果库交互式的基础设计。在中小学教育科研课题成果库系统中设置互动功能，允许用户多方面发表关于成果的看法，同时用实名注册和言论审核机制确保互动言论的政治性、合法性和理性探讨，最大的功用是让成果所针对的问题、产生的过程、具体改革举措等有更加清楚的适用范围指向。

中小学教育科研课题成果库的系统管理主体，会出台有效保障机制，特邀有关理论、政策和实践方面的专家，在互动点评区域发表对成果的进一步解读及评论。同时，与成果完成人达成公益协议，由成果完成人同意公开其成果，并由省级教育科研机构对其公益推广工作予以表扬，确保成果完成人保有相应的推广积极性。通过成熟的教育科研战线系统，向所有中小学校宣传这一成果推广平台，并鼓励教师结合自己的实际需要，学习成果库里的相关文献，发表来自实践视角的看法，并建立转化应用机制，切实推动所有中小学校在优秀教学成果的启发下，创新分析问题的视角和思路，创新解决教育教学实际问题，推动更加高效地构建高质量教育体系。

未来，中小学教育科研课题成果库还会以开放建设的方式，开发两个方面的保留功能，一是积分累计和兑换，二是继续教育学时认可。实名注册的用户，在中小学教育科研课题成果库中每发表一条互动，系统自动为其累计增加 1 个积分。同时，将研制的评论标准公开在系统内。在系统管理员审核时，被认可为优质的评论，其发表用户在原累计增加 1 个积分基础上，再追

---

① 丁小浩. 大数据时代的教育研究 [J]. 清华大学教育研究，2017（05）：13.

加累计 2 个积分，形成一定的激励。中小学教育科研课题成果库本身嵌入了以省级教育科研机构的名义向实名用户颁发继续教育学时证明，让参与者既能提高参与热情，又能增强学术涵养。

值得强调的是，中小学教育科研课题成果库系统的运行，需要具体的机制保障。涉及互动发表评论这个功能，必须设置分级权限的管理员审核。这个审核动作，由省级、市（州）级、县（区）和学校四级管理员完成。在系统信息栏，向具有审核权限的管理员推送审核工作要求和有关标准。结合各级教育科研工作对新老审核管理员进行专项培训。这些工作的目的是确保系统的安全稳定。

（五）成果报告查重

在中小学教育科研课题成果库系统的研究和建设实践中，我们发现存在一个伴随而来的新问题，即如何确保新的成果的创新性。关于这方面的研究，主要依据是学术道德和社会伦理方面的研究成果。虽然中小学教育科研课题成果库系统及其中的成果具有客观性，但人的理性来源于其主体性，即"人的理性为自然界立法"，实践理性表现为非一致性。"即使在目的使手段圣洁化这个原则上做一些让步，也无法让信念伦理和责任伦理和谐相处，或是判断应当用哪一个目的来圣洁化哪一个手段"①。也就是说，基于某种"信念伦理"的学术规范，也难以回避学术不端的"责任伦理"问责。

因此，有必要从规约的角度，为中小学教育科研课题成果库系统设定一个重要且必要的功能：文献查重。从技术层面看，系统对成果报告的 PDF 文本进行读取和识别比较困难，毕竟 PDF 文件功能是受保护的知识产权；但有关的代码已基本能够实现查重功能，下一步将重点解决 PDF 或其他格式文本的信息处理问题。另外，这项功能对服务器的运载能力有非常高的要求，需要在经费保障方面给出有力的支撑，租用更强大的运维服务。

实践层面的处理方式，我们做了相应的变通，坚决杜绝超过 30％雷同文

---

① ［德］马克斯·韦伯. 学术与政治：韦伯的两篇演说 ［M］. 冯克利，译. 北京：生活·读书·新知三联书店，2005：109.

字甚至相同文字的情况，且成果内容部分不得超过 15％ 的重复。在新的中小学教育科研课题成果产生时，由省级教育科研机构出台具体要求，比如在省级成果申报评审时，由地方负责组织初审推荐的教育科研机构，对新成果进行"关键词""主题词"相关成果检索后的比对，并出具相应的查重结论报告。以此类推，市级成果申报评审，由县级初评推荐机构进行人工比对，出具查重报告。

（六）用户权限分级管理

中小学教育科研课题成果库系统还有较为完善的自身管理和运维功能。具体包括系统开发人员权限、系统管理员权限、分级审核管理员权限和使用者权限。总体原则是开放、规则、自律、公正。为了确保中小学教育科研课题成果库系统的正常运行，我们已经与专业技术人员建立持续五年的合作关系，并在将来会进一步协同合作，逐渐丰富和完善该成果库系统。

中小学教育科研课题成果库系统的用户分级权限管理是基于"权责协议"的实名注册制度。只有阅读并同意实名协议，了解系统安全责任，才能注册和登录中小学教育科研课题成果库系统，才能享受系统各项功能。具体方式，是将注册者姓名、所属单位和手机号码作为必填项目，系统自动将必填内容与已经导入的单位数据库关联，由单位所属的相应省、市（州）、（县区）、校四级管理员负责核实真实性，根据核实结果同意或拒绝注册。后期的互动审核也采取单位隶属的分级管理员审核机制。同时，系统将手机号作为唯一识别对象，对实名用户进行监督。多方举措，全力确保中小学教育科研课题成果库系统的安全稳定。

第四节　中小学教育科研课题成果库的特点

中小学教育科研课题成果库就内容来看，是教学成果库；从形式上看，是数据库，是信息化的网络系统；从应用前景看，是优秀成果的推广平台，是教育改革高质量发展的决策资源库。具体而言，有四方面特点。

一、具备专业数据库的系统性

中小学教育科研课题成果库是信息技术支撑下的一种数据库，具有所有数据库意义上的系统性形态特征，即结构化和绿色性①，同时具有"小众化"特点。

（一）结构化

信息技术条件下的数据库，最大的特点就是结构化。这种结构化具有两个层面的含义，一是数据库本身的总体架构和逻辑，二是数据库内在的板块设计和网状关联结构。其中，第一方面，数据库的总体架构分为四个部分，包括仪器设备有用户终端、网络设备、通信设备和服务器，以及这四个部分构成的完整系统逻辑结构。其中任何一部分都是不可或缺的。用户终端负责把中小学教育科研课题成果转化为数字信号，以及实现数据导入、导出、呈现。网络设备负责在终端、通信设备和服务器之间实现物理关联，通常有有线和无线之分。通信设备负责把终端生成的数据转化为可发送和接收的电子信号，未来还可能实现更先进的比如量子通信信号等。服务器负责实现庞大数据的存储和交互式计算。

第二方面，数据库内在的板块设计和网状关联结构，是借助计算机语言中的编程技术规定的中小学教育科研课题成果标签，包括成果名称、所属区划、评选时间、适应年段、领域学科、获奖等级，相当于图书馆里的学科分区、标签和相应的书架，但是比图书馆强大之处是自动在这些标签之间建立有精确的网状关联结构。如果说图书馆里的书籍在分区和书架上是不可移动的，数据库内的中小学教育科研课题成果则在数据库的结构中始终、随时都可以被移动，而且呈现出强大的系统性特征。因此，这个层面的结构化，并不是物理的固定不变状态结构化，而是动态交互的一种稳定结构化。

---

① ［英］托马斯·M. 康诺利，卡洛琳·E. 贝格. 数据库系统：设计、实现与原理（基础篇）[M]. 宁洪，贾丽丽，张元昭，译. 北京：机械工业出版社，2016：20.

（二）绿色性

总体而言，人的大脑处理复杂信息的能力是有一定上限的，越是保持单纯性的思考越有可能进行得更深入。中小学教育科研课题成果库的价值，体现在被人使用的过程中。因此，我们对于数据库有一个直观的认识：越简单的数据库，越安全稳定；功能搭载得越少，性能越优。在这一认识的指导下，中小学教育科研课题成果库具有显著的绿色性，包括简约的功能设置和便捷的操作界面，不搭载任何其他的不相关服务，尤其排除网络垃圾和广告，整个系统显得简洁、直观。

中小学教育科研课题成果库的功能设置只有技术维护、数据导入、数据检索、信息查看、数据导出、数据分析、评论发布和必要的用户管理。所有使用这个数据库的用户，都会有更好的体验，不会被不必要、不相关的信息干扰。换句话说，所有进入中小学教育科研课题成果库的使用者，会直接聚焦行为目的，会轻松地将个人已有经验和知识结构与成果库中的数据直接关联。

（三）小众化

教育学是一个独特的人文社会学科，中小学教育则是这个学科中实践视域下的一个方面。这符合结构功能主义的有关主张，即在理论层面存在对世界整体的认知，比如哲学；但在实践层面都是按生产生活资源和活动主体有关特性展开的分领域探索。至少是目前，有关数据库都是分门别类建立和使用的小众化平台，还不存在一个能够存储和处理世界整体数据的系统。

中小学教育科研课题成果本身是教育者在实践中总结提炼的结果，也是经过多方面人员组成的专家组进行专业鉴定的成果。比如，国家级和省级教学成果，是由省级及以上的政府部门组织专家按照评审程序评审的结果。这些成果只是中小学教育方面的智慧，不可能适用于其他领域。因此，中小学教育科研课题成果库的专业性和学术性，使其表现出明显的小众化特点。

二、引领中小学教育科研的实践性

中小学教育科研课题成果库作为一个信息化系统，其社会功能指向主要

是存储成果、推广成果，实践性的特点包括应用性、丰富性和选择性三个
方面。

（一）应用性

应用性是成果库的一个重要特征，也是中小学教育科研课题成果库的实
践性的一个主要表征。有些成果库只具有收藏和简单的展览功能，不具有特
别明显的应用性。但是，人们越来越发现，单纯的收藏和展览，虽然有利于
藏品的保存，但不利于有关认知研究和广泛的创新发展。成果要与现实生产
生活实际直接相关，并建立进一步实质性的联系，才能充分体现其存在价
值。[①] 中小学教育科研课题成果库就是用来供更多教育工作者参考的，这在其
功能设定上也能被证实。

同时，中小学教育科研课题成果库的应用性特征，还表现为成果对教育
教学实践的直接影响。国内有很多学术论文的成果库，这些学术论文总体上
的价值取向是贡献知识、不断丰富和构建学科的理论体系，属于一般性的观
点、方法等理性认识，与实践的关联不是特别明显，即不解决具体的问题。
但是中小学教育科研课题成果直接面向教育个性问题，给出有理有据的建议
和意见。从成果库的内容属性看，中小学教育科研课题成果库与期刊论文数
据库有着截然相反的定位——中小学教育科研课题成果库直接供教育教学实
践改革参考，解决具体问题的价值大于一般性探讨，突出应用性。

（二）丰富性

与实践性紧密关联的特征是丰富性，这是由教育的复杂性所决定的。"教
育是一个多体的复杂的开放的不确定的巨系统，它的非线性、复杂性特点不
仅表现在教育的存在形式、个体成长过程、学习过程、课堂教学和学校德育
过程，还表现在人的知识建构与创造性思维培养以及教育教学管理等方面。"[②]
其中非常重要的一点是，教育情境中的人的发展受复杂多样的因素影响，场
所大致分学校、家庭、社会，每个场所又可以分为无数个细小的、与人的感

---

① 张斌. 社会科学成果转化之思考 [J]. 广西社会主义学院学报，2019，30（05）：90-94.

② 倪富昌. 复杂性科学研究对学校教育的启示 [D]. 上海：上海师范大学，2006：3.

觉和知觉联系的具体场景。因此，要尽可能分析清楚某个教育实践的问题，即人的发展影响因素，就需要尽可能找到最直接、最主要、最高度相关的点，找到解决问题的办法。

因此，中小学教育科研课题成果库在库存内容和相应的形式上，就有了多种设定。其中重要的内容，主要包括成果简介、成果报告、课堂实录与教学案例、教学工具、教案、课程资料和其他辅助材料，还包括这个成果在研究和实践过程中的相关支撑及印证材料，用以体现这个成果是基于什么考虑、用什么方式方法、经历了哪些实践验证和总结提炼的历程、被有关专家做了什么样的评价等。有了这些丰富的内容，采用成果的人才可能针对成果的适用范围以及自身面临的问题和有关的解决办法，生成真实可行的具体实践。

（三）选择性

数据库是一种物质意义上的客观存在，既由人的主观建构而成，同时对人的主体性具有客观的建构性。① 这种相互作用的现象，不仅存在于物理层面，而且存在于人的意志与世界万物之间的相互建构过程中。我们已经建立起中小学教育科研课题成果库，对于广大中小学教育工作者而言，这是一个动态生成的、互动开放的数据资源库，必将在进一步深化学校教育教学改革过程中，为教育研究和实践者提供新的视野和技术支撑。这种作用是必然存在的，既是建立这个成果库的社会效益所在，也是受众的需求所在。

中小学教育科研课题成果库的丰富性，以及这个数据库功能的设定，共同体现了成果库的选择性特征。库中的成果，其核心功能是借鉴、启迪、创新，为教育者开展扎根研究、自主创新等提供专业支撑。教育问题是复杂的，具体的言语表达和文字措辞既具有精确性，也具有模糊性。输入一个特定的词组作为关键词，检索的成果名单结果不是唯一性的，除了精确匹配的成果，还会有模糊匹配的成果。因此，中小学教育科研课题成果库在功能实现时，不是唯一的，更不是强制的；既提供多个参考方案供选择，也在是否进一步

---

① ［德］胡塞尔. 纯粹现象学通论·第一卷［M］. 李幼蒸，译. 北京：商务印书馆，1996：148.

阅读或采纳方面，以可选菜单的方式由检索者自主选择。

中小学教育科研课题成果库的应用性、丰富性和选择性，是其实践性的具体体现。作为中小学教育研究者在进行各级课题研究中，无论从选题时参考同类研究、开题论证查阅分析，还是研究过程对比分析、总结提炼综合思考，都需要了解已有的同类课题研究情况，中小学教育科研课题成果库就起到了借鉴、启迪、创新作用。如在大数据视野下构建"成果库"，挖掘背后的技术问题，对课题研究过程中出现的困惑提供专业的指导等。中小学教育科研课题成果库的应用性、存储内容的丰富性，以及功能实现过程中的选择性，会给中小学教育研究者和实践者提供更为适切的服务。这些特点，是中小学教育科研课题成果库对现代工具理性的新延伸，具有一定的人文性特质，是助推教育科学"实证研究"的新类型载体。从这个角度看，中国特色社会主义教育，需要类似中小学教育科研课题成果库这样的成果，以进一步践行新时代"把课题做在教育实践大地上，把文章扎根地写在教育实践大地上"的要求，凸显教育科研的实践性原则①。

三、实现多元共生共享的情境性

中小学教育科研课题成果库的系统性特点主要是形式上的，实践性特点主要是内容上的，而实现多元共生共享的情境性则是其整体上的特征。这种情境性具体表现为场景主题化、动态生成性和多元主体性三个方面。

（一）场景主题化

无论是以皮亚杰为代表的认知建构理论，还是以维果茨基为代表的文化历史建构理论，以及人本主义和新人文主义教育的有关主张、脑科学与人工智能研究进展等，都进一步强化了教育学与心理学和社会学的联系。一直以来，各国教育都在探索和追求质量提升的办法。其中，关于如何提高学生和教师的学习效率有一个基本的共识：以情境支持人的学习，并在情境中实现

---

① 中华人民共和国教育部. 教育部关于加强新时代教育科学研究工作的意见［EB/OL］. (2019-10-30)［2022-06-27］http：//www. moe. gov. cn/srcsite/A02/s7049/201911/t20191107 _ 407332. html.

价值观、品格和能力向人的素养的转化。素养依赖于情境、超越情境，并在信息技术迅猛发展和广泛应用的 21 世纪，开始关注虚拟环境在时间、空间和信息维度的强大解放能力，助推着人的学习方式变革和效率倍速提升。[①] 李吉林的情境教育理论，与类似的其他理论主张有所不同，在这个意义上兼具了教育理论和教育实践的双重价值，极具指导性、应用性。从这些视角看，我们发现中小学教育科研课题成果库形成了一个学习型场景，教育研究者和实践者可以在精神层面深度浸润其中。

中小学教育科研课题成果库的这种场景性特征，不仅表现在其信息化的网络形式上，更体现在以成果为学习和探讨对象的主题性上。可以从三个层面来厘清这一特点。一是当前的教育处于深化改革提高质量的关键阶段，总体框架和基本思路逐渐清晰，目标预期和演进路线越来越精细可行，所有教育研究和实践者正在参与这场深刻的教育变革，面临着很多挑战传统、反思经验和直觉的现实问题。二是借助中小学教育科研课题成果库的检索功能，输入自己所关心问题的关键词后，系统会把相关的所有成果呈现出来。在这个层面上，个体主观与间接经验实现关联，方式即网络系统情境下的文本信息展示。三是每一个成果都有特定的问题指向和措施建议，不会有太多的理论阐释，也不会以理论建构为取向，而是直接与个体的主观需要建立联系。这样三个层面的关系总和，形成了以"问题—成果群—具体建议"为逻辑线索的主题情境。

（二）动态生成性

人工智能技术越来越发达，一个重要观点是：信息技术不仅仅是手段和形式，它还有自己的变化和发展需要，其本身作为目的和内容的发展性特征，并能够支撑人类更持续有效地认识世界、改造世界。[②] 这种观点既具有一定的前瞻性和超越性，也具有贯通古今的基础性和本质性，已经广泛而深入地影

---

① 张华. 论核心素养的内涵 [J]. 全球教育展望，2016，45（04）：10—24.

② [美] 布莱恩·阿瑟. 技术的本质：技术是什么，它是如何进化的 [M]. 曹东溟、王健，译. 杭州：浙江人民出版社，2018：197.

响人类生产和生活的各个方面。基于此，我们发现中小学教育科研课题成果库不是静态库，不是只具有简单存储和取舍功能的仓库，也不是侧重一般理论建构的智库，具有显著的动态生成特征。

一方面，中小学教育科研课题成果库的动态生成性表现为成果共生。其有两个方面的含义，一是成果库的成果来自多个方面的成果完成方，是理论上关于教育基本结构的实践智慧，也是以这种库存的方式呈现教育的一般结构，并在成果库不断丰富的过程中，展示关于这种基本结构的最新认识和实践举措。二是中小学教育科研课题成果库的评论功能，成果库的管理人员、特邀评论专家、单纯的成果库使用者等多方面人员的评论互动，使得相应的成果会变得更加丰富和立体。这两个方面的共生特征，使得每一项成果都跃然纸上，更加贴近中小学教育实际，更具有可操作性和推广性。

另一方面，中小学教育科研课题成果库具有显著的共享特征。目前，只要用自己的手机号进行实名注册，经过审核和短信验证，任何人都可以登录中小学教育科研课题成果库，体验和使用这个系统的检索、查看、收藏、下载和评论等功能。在研发这个系统之前，四川省一直将优秀教学成果正式编撰出版为成果集，广泛宣传和推广优秀成果，但是收效甚微。信息技术网络系统打破了时间和空间的局限性，中小学教育科研课题成果库以一种全新的泛在学习资源方式，为所有人提供即时的、专业的、可靠的信息服务。这种程度的共享，直接为教育研究和实践提供参考，为成果创新发展提供丰富多样的知识基础。

（三）多元主体性

传承和创新是所有成果库、数据库的现代意义诠释。成果库已经不是原始意义上的东西存放仓库；尤其是智慧产物的成果库，自周代的"盟府"到清末的"江南图书馆"，再到当今学术期刊平台、中小学教育科研课题成果库等，一直都是人类动态存取古今中外有关智慧成就的"集散地"。比如，图书馆的核心价值是保障读者自由利用知识信息，其核心功能主要有资源整合、知识挖掘、信息传递、咨询等四个方面。[①] 在这个集散的过程中，非常重要的作用就是成果推广和应用。强调成果转化，是科学研究观的拓展延伸，也是基础研究得以升华价值的关键。中小学教育科研课题成果库的最大价值，就在于其成果推广，让优秀的、可靠的、能够解决现实问题的行动方案发挥更广泛的价值。

中小学教育科研课题成果库具有非常重要和影响深远的社会价值。教育是一项与人类息息相关的、具有奠基性的社会实践活动，是全社会的一项基本公共服务，任何人都离不开教育实践。从这个意义上讲，每一个人都可能关注中小学教育科研课题成果库，其中主要的关注者是教育理论研究者、教育决策管理者和一线教师及教研人员，同时还会有学生家长等。教育理论研究者主要在这个库中搜寻实践案例，发现可能的理论创新点，支持其有关的教育理论研究，同时可以发表一般性指导意见。教育决策管理者主要关注教育实践的问题表象和趋势，及时掌握现状、难点和热点及潜在问题，为科学系统地制定有关教育工作规则提供参考。一线教师直接就问题发现更有针对性、更有效的教改举措，用以指导自己改进对课程内容的把握和教学活动方式的设计与实施。教研人员则从课程和教学总体框架，以及教育、社会大范畴上，获取更丰富的资源，把握课程和教学改革总体方向及一般现实路径。

---

① 李青. 现代图书馆核心价值的定位及其实现 [J]. 图书馆论坛，2006 (04)：46.

第三章 中小学教育科研课题成果库的系统设计与实现

中小学教育科研课题成果库是应中小学教育科研需求而产生的，也是随着技术进步而不断升级的。随着现代信息技术在各个行业、各个领域的广泛应用，基于现代信息技术建立与时代相适应的中小学教育科研课题成果库，成为中小学教育科研课题管理的重要内容。

第一节 成果库建设基础

随着人工智能、大数据、区块链等信息技术的迅猛发展，教育的环境、形态和行为都在发生变化，对教育科研的需求也在变化，树立"我思为人人，人人助我思"的共享思维，形成动态的成果库系统，让每一个成果都充满"智慧"，成为"智慧"成果，更好地服务教育科研，已经成为广大中小学教育科研工作者的重要需求，因此，中小学教育科研课题成果库系统需要不断地迭代升级，加入人工智能和大数据等新技术，让系统更"懂"人，让系统更"懂"教育，提高中小学教育的效率。

一、信息系统概述

信息系统（Information System）是以提供信息服务为主要目的的数据密集型、人机交互的计算机应用系统。它是由计算机硬件、网络和通信设备、计算机软件、信息资源、信息用户和规章制度组成的以处理信息流为目的的人机一体化系统。其主要有五个基本功能，即对信息的输入、存储、处理、输出和控制。

教育管理信息系统是指为了改善教育管理功能，利用信息化技术，以电子数据处理和数据库技术为基础而建立的信息系统。

基于现代信息技术的信息系统是信息化管理系统的简称，是一个以人为主导，合理利用信息技术，进行信息的收集、传输、加工、储存、更新和维护，以提高效益和效率为目的，支持决策、控制、运作等集成化的人机系统。随着信息技术的发展，云技术、大数据技术和互联网技术逐步应用于人们的工作、学习和生活中。这就使得信息系统由过去单一的计算机信息化管理系统向以云计算和存储，网络化、智能化应用为主要发展趋势的方向演进。中小学教育科研课题成果库正是基于现代信息技术建立的。

二、信息系统的构成

信息系统主要是由计算机硬件、网络和通信设备、计算机软件、信息资源、信息用户和管理规范以及信息安全保障策略等组成。主要有五个基本功能，即对信息的输入、存储、处理、输出和控制。信息系统经历了简单的数据处理信息系统、孤立的业务管理信息系统、集成的智能信息系统三个发展阶段。[①] 其主要任务是最大限度地利用现代计算机及网络通信技术加强企业的信息管理，通过对企业拥有的人力、物力、财力、设备、技术等资源的调查了解，建立正确的数据，加工处理并编制成各种信息资料及时提供给管理人员，以便进行正确的决策，不断提高企业的管理水平和经济效益。信息系统的运行通常离不开硬件支持系统、运行环境以及软件应用系统的支撑。

（一）硬件支持系统

信息系统的运行需要硬件系统的支撑。传统的硬件系统是一台或一组服务器，也称为物理服务器。物理服务器主要由中央处理器、内存储设备、外存储设备、电源、主板等部件组成。其选用通常要考虑是否能支撑软件应用系统的流畅运行。

---

① 上海社会科学信息研究所. 信息安全辞典［M］. 上海：上海辞书出版社，2013：7.

随着云技术的发展，云服务器逐渐替代了物理服务器，现在的信息系统通常都选用云服务器系统。

云服务器是一种简单高效、安全可靠、处理能力可弹性伸缩的计算服务。其管理方式比物理服务器更简单高效，用户无须提前购买硬件，即可迅速创建或释放任意多台云服务器。

云服务器是云计算服务的重要组成部分，是面向各类互联网用户提供综合业务能力的服务平台。平台整合了传统意义上的互联网应用三大核心要素：计算、存储、网络，面向用户提供公用化的互联网基础设施服务。

云服务器与物理服务器的性能对比如表 3—1 所示。

表 3—1　云服务器与物理服务器性能对比

项目	云服务器	物理服务器
投入成本	按需付费，有效降低综合成本	高额的综合信息化成本投入
产品性能	硬件资源的隔离＋独享带宽	难以确保获得持续可控的产品性能
管理能力	集中化的远程管理平台＋多级业务备份	日趋复杂的业务管理难度
扩展能力	快速的业务部署与配置、规模的弹性扩展能力	不便于升级
维护情况	有配套的安全等级保护策略	维护成本高，安全维护困难
运行状况	运营商提供专业的云服务体系	对机房的运行情况有一定的要求

从表 3—1 的对比可以看出，云服务器具有性能稳定、安全可靠、维护便捷、升级扩展能力强等特点。因此，着眼于建设稳定、安全、高效的中小学教育科研课题成果库，宜采用云服务器的方式构建课题应用信息系统。

（二）网络支持体系

信息管理系统一般都需要通过网络进行访问，针对使用对象的不同，通常情况下可以分为局域网用户和互联网用户。信息系统可以部署在局域网中，只针对局域网用户，这种情况下，系统的使用范围比较小，安全性比较高。

信息系统还能部署在互联网中，针对广大的互联网客户，目前大部分的信息系统都是部署在互联网中。按照部署的结构通常又分为 BS 架构和 CS 架构。BS（BROWSER/SERVER，浏览器/服务器模式），也称 WEB 应用，可以实现跨平台、客户端低成本维护，但是个性化能力低，响应速度较慢。CS（CLIENT/SERVER，客户端/服务器模式），也称桌面级应用，响应速度快、安全性强、个性化能力强，如常见的 QQ 软件和钉钉软件就是 CS 架构。从建立相对独立、功能强大的系统来看，BS 架构因其对跨平台、维护成本低等优点，目前被广泛采用。着眼于中小学教育科研课题成果库是互联网中的一个组成部分，因此，我们在建设中小学教育科研课题成果库时，将其定位为部署在互联网中的 BS 架构的信息系统。

（三）信息系统运行环境

信息系统的正常运行需要系统环境、安全环境的支撑。系统环境是指支撑信息系统运行的服务器系统，也称为服务器操作系统，以及信息系统运行的参数配置等。

服务器操作系统与个人用户操作系统相比，从性能的稳定性看，服务器要比个人用户操作系统稳定得多；在文件管理或网络应用上，服务器能更好地发挥功效；服务器操作系统的安全性及可协调性要比个人用户操作系统高。

服务器的操作系统有很多，比如 WINDOWS、LINUX 和 UNIX 等，每个操作系统又可划分为不同的版本。

中小学教育科研课题成果库系统服务器操作系统及配置如表 3－2 所示。

表 3－2　成果库系统服务器操作系统及配置

项目	配置数据
WEB 服务器	2CPU，16G，40G，SSD 云盘，30G 数据云盘 WINDOWS SERVICE 2008 R2，64 位中文版
RDS（MYSQL 5.56 数据库服务器）	2CPU，4G 内存，50G 数据云盘

表(续)

项目	配置数据
OSS（对象存储包）	下行流量包及 CDN 下行流量包， OSS 对象存储包按 1T 进行申请， 下行流量包及 CDN 下行流量包按用量进行配置， 余额保持 50G 的用量

（四）信息系统安全措施

服务器除了操作系统及配置以外，还要考虑安全要素。即要对服务器进行安全配置，主要包括网络安全配置、应用系统权限设置等。还要安装防火墙和杀毒软件，避免黑客和病毒等侵入而造成损失。

中小学教育科研课题成果库系统的安全措施主要从两个方面进行，一方面是云服务器本身的安全措施，另一方面是信息系统的安全措施。

1. 云服务器的安全措施

云服务器的安全措施主要是指信息系统所在的云服务器的安全措施，包括从云服务提供商处购买安全组件，这些组件能提供定时查杀病毒、定时扫描端口等服务。另外还应采取以下措施：（1）及时安装系统补丁。不论是 WINDOWS 还是 LINUX，任何操作系统都有漏洞，及时打上补丁避免漏洞被蓄意攻击利用，是服务器安全最重要的保证之一。（2）安装和设置防火墙。现在有许多基于硬件或软件的防火墙，很多安全厂商也都推出了相关产品。对服务器安全而言，安装防火墙非常必要，防火墙对于非法访问具有很好的预防作用，但是安装了防火墙并不等于服务器就十分安全了。在安装防火墙之后，需要根据自身的网络环境，对防火墙进行适当的配置以达到最好的防护效果。（3）部署杀毒软件。现在网络上的病毒非常猖獗，这就需要在网络服务器上安装网络版的杀毒软件来控制病毒传播，同时，在网络杀毒软件的使用中，必须要定期或及时升级杀毒软件，并且每天自动更新病毒库。（4）关闭不需要的服务和端口。服务器操作系统在安装时，会启动一些不需要的服务，这样会占用系统的资源，而且也会增加系统的安全隐患。对于一段时间内完全不会用到的服务器，可以完全关闭；对于要使用的服务器，也应该关闭不需要的服务。另外，还要关掉没有必要开的 TCP 端口。（5）定期对服务器进行备份。为防止不能预料的系统故障或用户不小心的违规操作，必须对系统进行安全备份。除了对全系统进行每月一次的备份外，还应对修改过的数据进行及时备份。同时，应该将修改过的重要系统文件存放在不同服务器上，以便出现系统崩溃时（通常是硬盘出错），可以及时地将系统恢复到正常状态。（6）账号和密码保护。账号和密码保护可以说是服务器系统的第一道防线，目前网上大部分对服务器系统的攻击都是从截获账号密码开始的。一旦黑客进入了系统，那么前面的防卫措施几乎就失去了作用，所以对服务器系统管理员的账号和密码进行管理是保证系统安全非常重要的措施。（7）监测系统日志。通过运行系统日志程序，系统会记录下所有用户使用系统的情形，包括最近登录时间、使用的账号、进行的活动等。日志程序会定期生成报表，通过对报表进行分析，就可以知道是否有异常现象。（8）进行云服务器的用户权限设置，避免因权限设置不当造成的系统被非法入侵。通过上述的服务器安全措施，我们可以了解到服务器安全防护的技巧，同时我们也了解了构成云服务器的安全问题。云服务器引发了一场数据安全防护的变革，只有在确保云服务器本身安全的前提下，其大数据和处理效率高的特性才能真正发挥作用。

2. 信息系统的安全措施

信息系统的安全措施主要是指成果库系统自身的安全措施，要在进行系统架构时充分考虑，主要包括系统的敏感信息过滤、弱口令提示、防注入攻击等，同时要在系统中考虑设置日志记录，以便查询系统的安全事件。条件许可可以采用双层物理隔离，即外网和内网隔离、业务层和数据层隔离。启用 IP 白名单，仅允许白名单的 IP 主机访问，使用 HTTPS 进行通信，使用 TLS 加密，而不是直接使用 HTTP，实行登录授权，生成唯一的 SESSION ID /TOKEN 进行后续操作、接口访问，敏感数据进行加密或编码，系统软件启用 LICENSE 授权，随时检测授权是否过期。对系统软件进行代码保护，启用加密或加壳防止软件被反编译，引入密钥管理系统，启用对称加密/非对称加密进行通信。随着互联网技术的不断发展，传统的安全方式目前存在一些不足，比如对 HTTP 流量或者 HTTPS 流量进行检测，并不能够完全解决用户应用层或者信息系统的安全问题。同时，要想实现信息系统安全不能只是简单地基于协议本身进行防御，而要更多地基于逻辑、行为、流程进行防御。如果对于 WEB 安全防护要求较高，那就不得不借助于安全厂商的帮助，目前信息系统的防御产品还是比较多的，可以选择技术和服务好的厂商合作。由于成果库系统本身涉及的信息及内容具有普适性，并不包括敏感信息，因此，在安全防护上可以采用效率高、成本低的防护措施，做好日常维护和备份，防止黑客非法入侵。

3. 信息系统安全等级保护

信息系统还要考虑等级保护定级的实施。信息安全等级保护，是对信息和信息载体按照重要性等级进行保护的一种工作。信息安全等级保护广义上为涉及该工作的标准、产品、系统、信息等，均依据等级保护思想的安全工作；狭义上一般指信息系统安全等级保护。信息系统安全等级保护工作包括定级、备案、安全建设和整改、信息安全等级测评、信息安全检查五个阶段。信息系统安全等级测评是验证信息系统是否满足相应安全保护等级的评估过程。信息安全等级保护要求不同安全等级的信息系统应具有不同的安全保护能力，一方面通过在安全技术和安全管理上选用与安全等级相适应的安全控制来实现；另一方面分布在信息系统中的安全技术和安全管理上不同的安全控制，通过连接、交互、依赖、协同等相互关联关系，共同作用于信息系统的安全功能，使信息系统的整体安全功能与信息系统的结构以及安全控制相互关联关系密切相关。因此，信息系统安全等级测评在安全控制测评的基础上，还要包括系统整体测评。

按照成果库系统的数据类型、用户类别及用户信息属性等，通过信息安全公司的综合评估，可以定为信息安全等级二级，按二级要求完成备案、检测、整改和安全检查等工作。

（五）信息系统的负载

基于 WEB 的应用还要考虑在线用户的因素，因此需要考虑网络带宽和云服务器的并发数。并发数是指在同一时刻与服务器进行了交互的在线用户数量。这些用户的最大特征是和服务器产生了交互，这种交互既可以是单向的也可以是双向的。并发数跟云服务器性能和网络带宽有关系，可以根据实际需要调整云服务器的配置和网络带宽，以满足访问需要。

中小学教育科研课题成果库系统的带宽 3M，最大连接数（最大并发数）1200。IOPS（INPUT/OUTPUT OPERATIONS PER SECOND）是一个用于计算机存储设备〔如硬盘（HDD）、固态硬盘（SSD）或存储区域网络（SAN）〕性能测试的量测方式，可以视为是每秒的读写次数。成果库系统的IOPS 为 2000，基本能满足访问需要。

（六）信息系统的运维

信息系统的正常运行还离不开运行维护（以下简称运维）团队的支撑，运维项目主要包括云服务器运维和应用系统运维等。云服务器运维主要包括系统更新、信息系统的数据备份、故障排除、日志查看等，应用系统运维主要包括针对系统等的解答、数据统计与分析等。运维服务包括信息系统相关的主机设备（云服务器）、操作系统、数据库和存储设备及其他信息系统的运行维护与安全防范服务，保证用户现有的信息系统的正常运行，降低整体管理成本，提高网络信息系统的整体服务水平。同时根据日常维护的数据和记录，提供用户信息系统的整体建设规划和建议，为用户的信息化发展提供有力的保障。

信息系统服务的目标是，对用户现有的信息系统基础资源进行监控和管理，及时掌握网络信息系统资源现状和配置信息，反映信息系统资源的可用性情况和健康状况，创建一个可知可控的 IT 环境，从而保证用户信息系统的各类业务应用系统的可靠、高效、持续、安全运行。

通过运维服务的有效管理来提升用户信息系统的服务效率，协调各业务应用系统的内部运作，改善网络信息系统部门与业务部门的沟通，提高服务质量。结合用户现有的环境、组织结构、IT 资源和管理流程的特点，从流程、人员和技术三方面来规划用户的网络信息系统的结构，将用户的运行目标、业务需求与 IT 服务协调一致。

三、信息系统的特征

信息系统是建立在人机交互基础上的计算机应用系统。其涉及的数据量大，绝大部分数据是持久的，这些持久数据为多个应用程序所共享，甚至在一个单位或更大范围内共享，除具有数据采集、传输、存储和管理等基本功能外，还可向用户提供信息检索、统计报表、事务处理、分析、控制、预测、决策、报警、提示等信息服务。"信息"和"数据"这两个概念在计算机信息处理中是既有区别又有联系的。信息指的是人们要解释的那些数据的含义。数据是事实、概念或指令的一种，是可供计算机加工处理的特殊表现形式。信息处理的过程实际上就是数据处理，数据处理的目的是获取有用的信息。信息系统具有如下特征：

（一）信息管理效率高

信息系统要满足业务需求，具有统计和存储功能。其兼容性要强，符合大众需求，以提高信息管理效率。以业务为中心，就要求信息系统要以业务流程为主要的管理对象，业务流程必须是一个真正可视、可调整、可管理的对象，分散在系统的各个功能菜单中。只有这样才方便我们调整、优化和管理业务流程，区分重要的和不重要的业务，以便把资源投入到更能产生价值的业务中。同时各级用户才能发挥自主性，根据业务的具体要求，灵活调整流程和组织资源，快速高效地为使用者提供优质服务。其他的对象如组织结构、用户、角色、权限等，围绕怎样更好地实现业务流程而设置，是辅助对象。

（二）人机交互性强

信息系统等模块功能逻辑要清晰，界面友好，操作要顺畅便捷，人机交互性强。以用户为主导，能够让用户和管理人员易于使用才算是一个好的信息化系统。因为用户不是软件的开发者，也无须深入了解太多功能应用，只需要经过简单培训就可以帮助他们处理日常工作，提高工作效率即可。

（三）记录全过程

在大数据和人工智能时代，离开了数据的信息系统是不完整的系统。以用户为主导，数据包括用户的信息、使用记录、服务过程等，通过终端如 PC 端或者手机端及时地录入系统，确保不会遗漏。还可以优化算法，通过数据建立模型，掌握用户的应用情况，为系统的进一步优化打下基础。

（四）信息检索准确快捷

这里的信息检索是指在系统内部的关键词检索，能准确快捷地查询到使用者需要的信息。优质的信息系统具有检索快、检索准确、检索目标明确等特征，能带给使用者良好的体验。

信息检索系统是指根据特定的信息需求而建立起来的一种有关信息搜集、加工、存储和检索的程序化系统。其主要目的是为人们提供信息服务。所以可以说任何具有信息存储与信息检索功能的系统都可以称为信息检索系统，信息检索系统可以理解为一种可以向用户提供信息检索服务的系统。

（五）便于扩展和升级

信息系统所对应的业务发展并不是一蹴而就，而是不断地向前进步的。然而，假如开发的信息系统只能满足企业的一时之需，那这样的信息系统称不上最优的系统。优秀的信息系统是可以升级和扩展的，能随着业务需求的发展不断地迭代升级，以便更好地适应业务的发展。同时还可以适度地扩展，以适应更广泛的业务需求。

第二节 成果库建设流程

一、成果库建设目标

中小学教育科研课题成果库信息系统是基于互联网，严格按照计算机信息系统标准和信息系统安全技术标准打造的信息管理应用系统。结合教育科研成果库的应用业务需求分析和应用对象的调研分析，成果库系统将达成如下的建设目标。

（一）信息化管理系统

中小学教育科研课题成果库是面向各级各类学校的成果管理系统，人人都是系统的应用者，人人都是系统的建设者。

进入智能时代，人们的生活和工作都离不开信息的采集、统计、分析和应用，统称为信息的处理，而信息处理主要是由信息管理系统来完成。信息管理系统能有机地融入教育科研成果的立项、管理、结题、成果形成、成果入库的各个方面。

（二）智能化应用系统

中小学教育科研课题成果库不仅是信息化管理系统，还是面向对象的应用系统，体现了以人为本的思想，从应用者的角度出发，通过智能技术，达到以用促建的目的。智能时代的信息系统应充分考虑使用者的习惯和思维，即系统要有"用户思维"，让用户能从系统中方便快捷地获取需要的信息。

（三）个性化成长平台

中小学教育科研课题成果库系统不仅是智能化的管理系统，还是教育科研人员的学习平台。通过平台进行学习和研究，能学习优秀的科研课题的选题、方法、过程、成果梳理等内容，在研究和学习的过程中成长。因此，从某种意义上来讲，成果库就是教师教育科研的成长系统。

二、成果库建设原则

为使中小学教育科研课题成果库系统按照建设目标顺利建成，将遵循以下原则进行。

（一）用户至上的原则

系统建设要充分了解用户的实际需求，采用问卷、访谈等方式，要满足使用者的实际应用需求。并且要进行多次的需求访问、分析和论证，以用户的需求为系统开发的依据，同时要做到科学、合理、逻辑清晰，符合教育科研成果库的建设和应用规律，如成果生成规律、用户使用和学习规律、系统应用和管理规律等，要充分体现用户至上的原则。

（二）统筹建设的原则

中小学教育科研课题成果库系统的建设与应用是一个系统工程，不能一蹴而就，包括成果库系统的需求分析、统筹构建、统筹论证、统筹开发、统筹完善、统筹培训等，是一个完整的系统，因此要体现统筹建设的原则。其建设流程如图3－1所示。

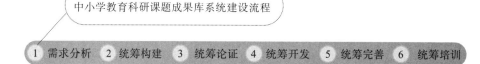

中小学教育科研课题成果库系统建设流程

1 需求分析　2 统筹构建　3 统筹论证　4 统筹开发　5 统筹完善　6 统筹培训

图3－1　中小学教育科研课题成果库系统建设流程

（三）动态优化的原则

中小学教育科研课题成果库系统的建设与应用是一个动态的过程，不是一成不变的，要根据应用的情况进行优化与修正，不断地迭代升级，以最优化的状态呈现出来，体现动态优化的原则。

（四）可持续发展原则

随着人类社会的不断发展，教育的对象、环境和方式也在发生变化，中小学教育科研课题成果的内容、形式也在随之而发生变化，因此，中小学教育科研课题成果库要体现可持续发展的原则，确保成果库系统要为教育科研服务。

（五）共建共享的原则

教育科研是全体教育人应该共同承担和参与的活动，而成果库就是广大教育人共同参与教育科研活动，进行学术交流、思维碰撞、理论提升和教育实践的平台，因此要体现共建共享的原则，要体现多元供给思维和开放民主思维。

三、成果库系统结构

成果库系统功能总体有成果查询和后台管理两部分，成果查询的应用提供普通访客对收录的成果进行信息查询和评价、成果分析、成果比较、成果管理等操作，后台管理分为省级、市（州）级、县（区）级和校级四级管理入口，系统采用分级管理，平台维护省级管理用户，省级用户维护下属市（州）级管理用户，市（州）级维护下属县（区）级管理用户，县（区）级维护下属学校级管理用户。成果分为国家级、省级、市（州）级、县（区）级和校级成果，其中市（州）、县（区）和校级分别由各市（州）、县（区）和校级分别审核和录入成果，其余成果由省级管理员审核和录入。

（一）成果库的系统结构

中小学教育科研课题成果库系统是面向用户的，其层次结构可分为基础设施层、资源管理层、业务逻辑层、应用表现层。成果库系统的层次结构如图 3－2 所示。

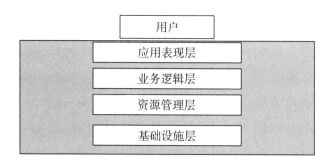

图 3－2 成果库系统的层次结构

基础设施层包括硬件基础设施与软件基础设施，是成果库系统的基础，建立在基础设施层上的主要是资源管理、业务逻辑，并且以应用表现的形式和用户进行交互。用户安装应用呈现的方式，按照一定的业务逻辑关系进行资源的调配和管理，最终完成系统任务。

成果库系统部署在阿里云上，分别由 WEB 服务、RDS 数据库服务（MYSQL）、OSS 对象存取服务、OCR 图像识别服务、TCSMS 短信服务组成。（如表 3－3 所示）

表 3-3　成果库系统部署

服务内容	实现功能
WEB 服务	提供网面浏览服务
RDS 数据库服务	提供相关数据存储服务
OSS 对象存取服务	提供 WORD、EXCEL、PDF、图片、视频等的存储服务
OCR 图像识别服务	用于成果库资源在录入时，PDF 中识别文字内容
TCSMS 短信服务	用于用户实名注册验证及其他短信通知服务

整个成果库系统通过上述服务完成系统与用户的交互、数据读取和存储以及其他的业务流程。

（二）成果库的数据结构

1. 数据库系统的原理

计算机数据管理技术的发展可划分为三个阶段即人工管理阶段、文件系统阶段、数据库系统阶段。数据不再仅仅服务于某个程序或用户，而是按一定的结构存储于数据库，作为共享资源，由数据库管理系统的软件管理，使得数据能为尽可能多的应用服务。数据管理系统（DATA BASE MANAGEMENT SYSTEM，简称 DBMS）以统一管理和共享数据为主要特征。图 3-3 呈现了数据库管理系统中应用程序与数据的关系，多个应用程序通过数据库管理系统实现数据存取。

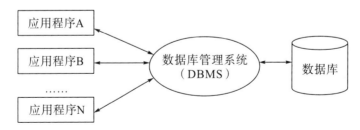

图 3-3　数据库管理系统（DBMS）中应用程序与数据的关系

数据库是成果库信息系统的核心组成部分，具有以下特点：

（1）数据结构化；

（2）数据共享性高，冗余度低；

（3）系统灵活，易于扩充；

（4）数据独立于程序；

（5）统一管理和控制数据；

（6）具有良好的用户接口。

2. 数据库系统的组成

数据库系统主要由计算机支持系统、数据库、数据库管理系统和人员以及各种应用程序组成。其逻辑关系如图3—4所示。

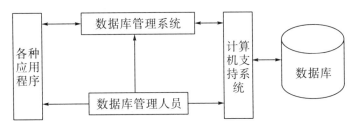

图 3—4　数据库系统的组成

3. 数据库设计步骤

在信息系统开发中必须把数据模式设计和对数据处理的程序模块设计紧密相结合。事实上，在各个开发阶段这两方面所做的需求分析、设计和实现工作是同步进行的，且需要相互参照、相互补充。

4. 成果库系统的数据库设计

成果库系统的数据库主要由成果表、人员表、操作表等组成，具体表格架构及表格内容如下。

（1）成果展示

成果展示是成果库系统的重要组成，数据表包含了43个字段，也就是成果的43个属性，如成果级别、所属单位、上传信息、成果年度信息、所属范围、完成情况、获奖信息等。

（2）科研成果附件

成果附件是成果的重要补充，数据表包含了5个字段，也就是成果附件的5个属性，即成果编号、附件名称、附件文件编号、附件文件的类型和大小。

（3）成果收藏

成果收藏是成果应用的重要环节。成果收藏表主要包括了操作时间、收藏编号、和收藏者的手机号信息。

（4）成果操作记录

对成果操作的记录是必要的。成果操作记录表主要包括了操作时间、操作方式、成果级别、成果范围等 11 条信息。

（5）成果评价

使用者对成果进行评价是必要的，它也是用户与系统的交互通道，以便成果单位能及时掌握成果的应用情况。评价表主要包括操作时间、使用者电话信息、评分、评价说明、评价人姓名等字段。

（6）成果区域设置

成果库的成果是按照区域进行统筹管理的，因此构建了区域设置表。其包含成果编码、成果名、所属市（州）及名称。

（7）成果校级设置

成果库的成果还需要按照学校等进行统筹管理，因此构建了学校设置表，其包含成果编码、学校名称、所属市（州）及名称、所属县（区）及名称。

（8）成果县（区）学校人员设置

成果库的成果还需要按照学校人员等进行统筹管理，因此构建了学校人员设置表，其包含人员姓名、人员电话、成果级别〔县（区）、校〕、所属市（州）及名称、所属县（区）及名称、所属学校及学校名称。

（9）成果对比设置

多个成果的对比是成果库系统的一个创新点，便于使用者查找多种成果之间的异同，以提升自己的研究能力。成果对比设置表包括操作者的注册电话和设置的值两个字段。

（10）对比文档设置

对成果的对比文档进行设置，包括操作者的电话及对比的成果编号字段。

（11）成果操作表

对成果的操作进行留痕记录，包括时间、操作类型如注册、登录、收藏、评价等，还包括操作次数。

（12）关键字查询统计

关键字查询是成果库系统中快速找到成果的重要途径，因此要对成果的查询关键字、查询次数和查询时间进行记录。

（13）个人设置

成果对比设置记录表能进行成果对比设置的情况和数据记录。

（14）投票表

成果投票是使用者对成果进行评价的一种途径，能提升使用者的参与感，也是当前互联网系统的重要交互通道，主要包括投票单号、成果名称、得票数和编号等。

四、信息系统开发流程

遵循合理的流程，是提高信息系统开发效益，保证信息系统安全稳定的重要前提。中小学教育科研课题成果库系统开发的基本流程包括系统规划、整体管理、需求分析、设计与开发、编码与单元测试、试运行与集成测试、评价验收等。

（一）系统规划，完成信息系统立项和总体解决方案

（1）撰写信息系统立项有关的书面或电子材料，立项信息系统项目。

（2）组织业务专家、技术人员等完成对信息系统立项相关文档的评审和检查工作，形成立项评审结论。评审结论包括合格和不合格两种，合格的可以进入下一阶段，不合格的需要说明具体原因，中止立项。

（3）根据信息系统立项的相关材料，生成信息系统的总体解决方案。方案中一般包括系统范围和目标、系统总体功能结构图、系统网络拓扑图、系统部署方案、系统实施计划、系统费用预算等。

（二）整体管理，建立项目管理章程

（1）建立基本的信息系统项目管理章程，指定信息系统项目的负责人和参与人，完成项目启动。

（2）项目负责人制订初步的项目管理计划，计划内容可包括项目最终目标、项目阶段性目标、项目进度计划、项目预算、变更流程和变更控制委员会、人力资源计划、项目风险、项目采购计划等。

（3）项目负责人指导和管理项目的执行过程，包括项目完成情况、项目进度、项目质量、项目变更情况等。

（三）需求分析

（1）项目负责人组织人员完成信息系统相关资料收集和需求详细调查工作，完成信息系统业务流程分析和数据流分析。

（2）分析信息系统目标，确定信息系统项目边界，完成项目范围定义和项目内容分解。

（3）项目负责人组织人员完成项目需求分析的编写，并提交业务部门评审。

（4）项目组组织业务专家、市场人员、技术人员、测试人员等完成对需求分析的评审和检查工作，形成评审结论。评审结论包括合格和不合格两种，合格的可以进入下一阶段，不合格的需要说明具体原因，不能进入下一阶段。

（四）系统设计与开发

（1）项目负责人制订系统设计阶段的项目工作计划，确定该阶段的检查点和时间节点。提交工作计划，业务部门按评审验收规程完成对工作计划的评审，形成评审结论。评审结论包括合格和不合格两种，合格的可以进入下一阶段，不合格的需要说明具体原因，不能进入下一阶段。

（2）项目负责人组织人员编写系统设计，内容一般包括物理配置方案设计（客户机、服务器、网络、数据库等）、功能结构详细设计、主要系统功能流程设计、主要系统功能数据处理流程设计、系统外部接口说明和定义等。

（五）系统编码与单元测试

（1）项目负责人组织人员按软件编码规范完成信息系统的代码编写。

（2）项目负责人组织人员按测试规程完成信息系统的单元测试工作，单元测试工作一般由模块编码人员进行自我测试。

（六）系统试运行和集成测试

（1）项目负责人组织人员搭建系统运行环境，按项目要求完成信息系统的安装部署工作。

（2）项目负责人组织人员按测试规程完成信息系统的集成测试工作，生成系统测试报告和结论。

（七）信息系统整体评价和验收

（1）项目负责人组织人员编写信息系统相关的技术性报告，如技术白皮书。

（2）项目负责人编写项目总结报告，包括功能评价、应用评价等。

（3）信息系统内容建设完成后，项目经理根据评审验收规程编写项目验收申请报告，并提交业务部门申请验收。

（4）业务部门根据验收申请、系统测试报告和结论及需求分析等相关材料，组织人员按评审验收规程进行信息系统内部验收，形成验收报告。验收报告包括合格和不合格两种，验收合格的可以将信息系统交付项目部实施，不合格的不能交付项目部。

五、信息系统安全管理

信息系统中的安全建设应遵循"同步规划、同步建设、同步运行"的原则，信息安全建设是信息系统的组成部分之一。

信息系统应根据安全等级划分情况和整体安全策略，统一考虑安全技术框架、安全管理策略、总体建设规划和初步设计方案。信息系统建设要根据《信息安全技术　信息系统安全等级保护定级指南》确定信息系统的安全等级；分析可能面临的安全威胁、风险和目前存在的脆弱性，根据实际环境的风险情况对安全控制要求进行调整；应根据所选择的安全控制，根据现行技术、产品、管理流程的实际情况，形成相应的安全可行性方案。信息系统可能的安全功能性需求，包括但不限于用户身份、访问控制、数据和信息保密性、数据审计和跟踪等。

　　根据教育科研成果库系统的用户数据和系统数据的安全要求，可以将该成果库确定为信息系统安全等级二级保护。

　　技术部门对信息系统进行验收，对其中涉及的信息安全工程成果以及安全管理过程进行验收确认。信息系统在初验前应注意相应安全控制，信息系统具备与信息系统需求分析、概要设计、详细设计相一致的安全功能；信息系统已经在与实际环境一致的测试环境中稳定运行，并确定好周边安全控制措施，包括物理、网络和主机系统等基础环境；信息系统的安全部署和运行符合总体安全策略要求。信息系统在试运行期间应跟踪可能出现的安全威胁和风险，保障系统的安全性。

　　成果库系统是部署在阿里云上的，为了增强安全性，开发人员购买了阿里云提供的安全组件，主要包括云盾证书服务和云安全中心服务。云盾证书服务主要包括 SSL 证书，规格为 DV 单域名。云安全中心服务包括容器镜像安全扫描、防勒索病毒、日志分析、防网页篡改。

　　信息系统交付验收时，应根据合同要求制订系统交付的清单，依据交付清单进行清点，信息系统交付物至少应包括：信息系统运行所需要的全部设备；信息系统运行所需要的全部软件；信息系统文档，包括系统建设过程中的文档，详细的系统使用和维护文档；信息系统应急方案；信息系统使用培训资料。

　　信息系统验收并移交后，信息系统运行人员必须修改信息系统中所有账号的口令。信息系统在安全管理和控制方面存在以下任一情况不能通过验收：信息系统未提交安全性测试报告；信息系统的安全功能与安全需求、概要设计和详细设计内容不一致；通过第三方检测或测试发现信息系统存在安全隐患、后门或漏洞；信息系统的整体设计和实施不符合国家法律和相关标准要求。

第三节　成果库模块功能

作为信息系统的中小学教育科研课题成果库是由不同的功能模块构成的。明确不同模块的功能，系统可以实现更好的布局，提高系统建设的质量。从用户的视角来看，中小学教育科研课题成果库可以分为前台模块、后台管理模块两大部分。从使用终端来看，中小学教育科研课题成果库不仅要考虑台式电脑用户的使用，还要考虑移动终端用户的使用。在设计中小学教育科研课题成果库时，应综合考虑用户的不同需求。

一、前台模块

前台模块即成果查询模块（如图 3-5 所示），既可以查看成果库，同时也可以进行个人设置（如图 3-6 所示）。

图 3-5　成果查询模块主界面

图 3-6　个人设置界面

二、后台管理模块

后台管理模块包括分级管理员等模块，具体模块功能如图 3-7 和图 3-8 所示。市（州）管理员能进行退回操作，并说明退回原因，还可以进行浏览、下载、删除、上传操作。

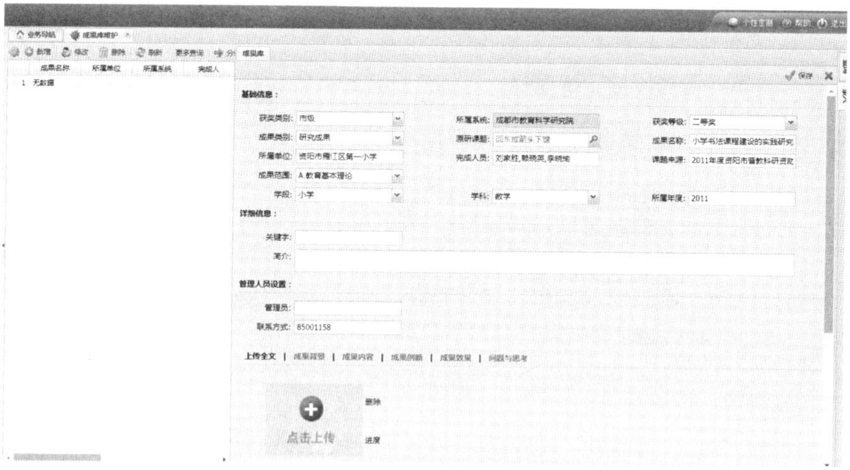

图 3-7　市（州）管理员后台管理模块 1

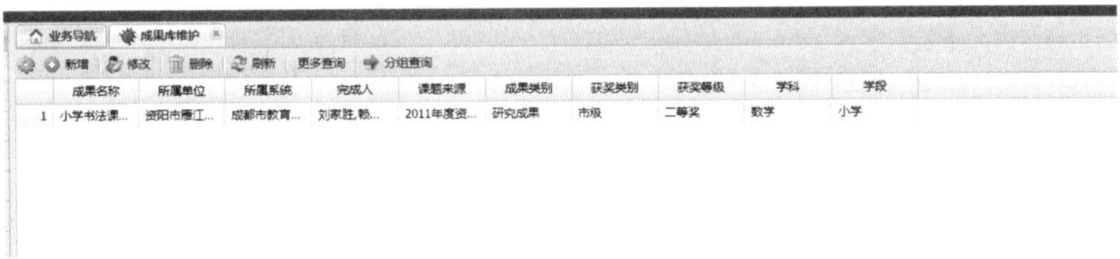

图 3—8　市（州）管理员后台管理模块 2

另外，省级管理员还可以对成果进行上传、查看、修改、删除等操作，如图 3—9 至图 3—11 所示。

图 3—9　省级管理员操作页面

图 3—10　省级管理员操作上传界面 1

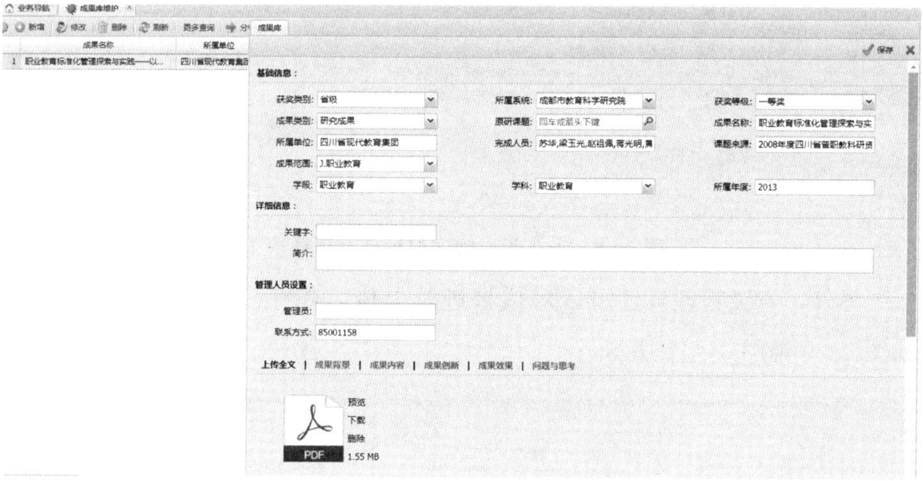

图 3—11　省级管理员操作上传界面 2

三、移动设备模块

为适应不断发展的移动互联网时代，成果库系统还加入了移动设备模块，该模块的管理部分在 PC 端，显示部分在移动端，PC 端可以和移动端进行交互。移动设备模块主要包括短信发送模块，便于及时沟通，具体模块功能如图 3—12 和图 3—13 所示。图 3—12 显示了短信发送页面，图 3—13 显示了已经发送短信列表页面。

图 3—12　短信发送页面

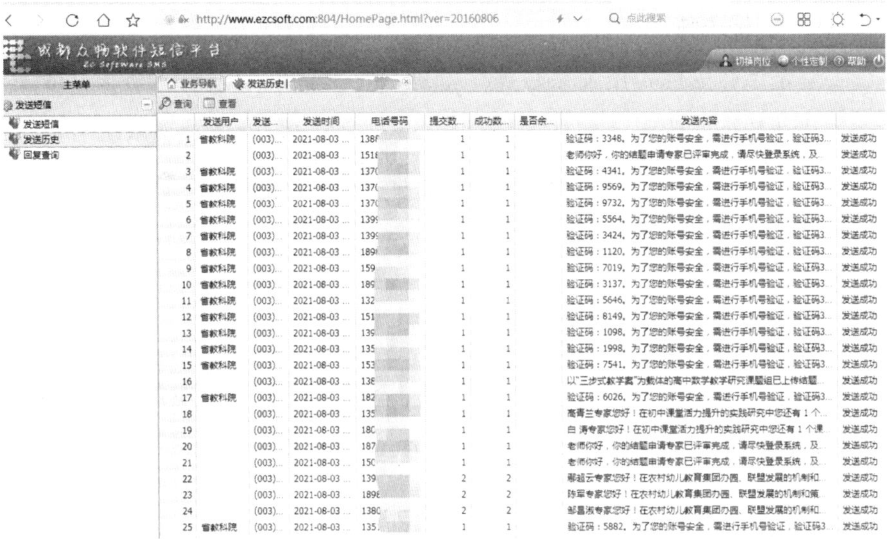

图 3-13 已经发送短信列表

上述模块的分类是基于用户视角进行的。根据不同的视角、标准，中小学教育科研课题成果库系统还可以分成不同的功能模块。

第四节 成果库技术实现

中小学教育科研课题成果库的整体框架确定后，需要采取恰当的技术路线才能使中小学教育科研课题成果库从构想变成现实。对系统研发者来说，系统实施是建设中小学教育科研课题成果库的关键；对用户来说，页面设计则是关系其使用体验的关键。因此，我们坚持用户需求导向的原则，着力于从系统实施、页面设计两个方面呈现中小学教育科研课题成果库技术实现的策略。

一、系统实施

系统实施的任务是实现系统设计阶段提出的数据逻辑结构、存储结构和软件结构，按实施方案完成一个可实际运行的信息系统，交付用户使用。

（一）实施步骤

一是定型数据库，用关系数据库管理系统提供的数据定义语言（或实用程序）描述数据库逻辑结构和物理结构，使之成为数据库管理系统可以接收的源代码，再经过调试产生目标模式，然后即可将数据载入数据库中；二是功能程序设计，按软件结构设计提出的模块要求进行程序编码、编译、连接以及测试工作。

（二）实施阶段

系统实施阶段也分阶段完成：第一阶段是数据载入和应用程序的调试，第二阶段是系统测试和数据库的试运行。测试步骤如下：

（1）系统测试

① 模块测试

② 系统测试

③ 验收测试

（2）数据库试运行

在数据库试运行时，主要测试系统的性能指标，分析其是否达到设计目标。

（3）系统的交接

系统交接的过程是用新的信息系统替换原有系统的过程。

二、页面设计

（一）首页

首页是进入或打开信息系统的第一个页面，也是信息系统的重要窗口，一般具有栏目导航、子系统入口、搜索、注册等功能，如图 3－14 所示。

图 3-14 四川省教育科研成果库首页

（二）成果查询页

成果查询页面是系统的重要开发内容之一，特别是系统中存储有海量资源的情况下，查询功能能够快速地帮助使用者找到所需的资源，如图 3-15 所示。

图 3-15 四川省教育科研成果库成果查询页

（三）成果内容展示页

成果内容展示页面是成果库信息系统中非常重要的页面，每一个成果的重要信息都在页面中呈现出来，如成果完成人员、完成单位、课题来源、成果各个阶段的总结等，为浏览者提供了整个课题研究的全过程资料，为他们开展课题研究提供借鉴和参考。如图 3－16 所示。

图 3－16　四川省教育科研成果库成果内容展示页

（四）成果收藏页

成果库系统还为用户提供了收藏功能，便于后期的查询与浏览。

（五）成果对比页

为了让使用者对多个同类的成果有清晰的对比了解，成果库系统设计了成果对比页面，如成果来源、类别、范围等，如图 3－17 所示。

图 3－17　四川省教育科研成果库成果对比页

（六）注册登录页

由于成果库系统需要对使用者的行为进行跟踪和记录，因此设计了注册登录页，用户以手机号为账号进行注册登录。系统在设计的时候出于安全的考虑，设置了安全验证功能，同时为了方便，设置了第三方账号的登录，如图 3－18 所示。

图 3－18　四川省教育科研成果库注册登录页

信息系统的建设不可能一劳永逸，随着技术的发展和使用者的需求变化，需要不断地迭代升级。中小学教育科研课题成果库系统建设宜根据应用实践及时升级、优化，不断满足变化着的需求。

第四章　中小学教育科研课题成果库管理

中小学教育科研课题成果库管理，是对存储中小学教育科研课题成果平台的监管、维护，以维护成果库的正常功能，促进平台发展及资源优化的活动。从总体上看，中小学教育科研课题成果库管理是线上管理与线下管理相结合、前台管理与后台管理相结合的，目的在于优化成果供给，满足不同用户需求，更好地实现和提升成果库的价值。国家对教育移动互联网确立了"谁主管谁负责、谁开发谁负责、谁选用谁负责"① 的原则，遵从国家确立的基本原则，加强对中小学教育科研课题成果库管理，是成果库建设的需要，也是成果库应用的需要。

第一节　成果库管理原则

中小学教育科研课题成果库管理原则，是维持成果库正常运行应当遵守的基本准则。遵循科学的原则，不仅可以维持中小学教育科研课题成果库的正常运转，而且可以促进中小学教育科研课题成果库的质量提升，切实服务于相关用户。一般来说，以现代信息技术为基础的中小学教育科研课题成果库管理应当遵循建用结合、需求导向、适时更新、评鉴反馈的原则。

---

① 中华人民共和国教育部. 教育部等八部门关于引导规范教育移动互联网应用有序健康发展的意见 [EB/OL]. （2019-09-05）［2022-04-19］www. gov. cn/xinwen/2019-09/05/content _ 5427553. htm.

一、建用结合

建用结合是指中小学教育科研课题成果库的建设与应用要统筹规划、合理安排，在建设中应用，在应用中建设，形成建设与应用的良性互动，不断完善中小学教育科研课题成果库的功能。

建设与应用一体化是中小学教育科研课题成果库的重要特征，也是成果库管理的重要原则。现代信息技术日新月异，中小学教育科研课题成果存储的技术也会随之不断变化。将成果库的建设与应用结合起来，可以及时地引入现代信息技术发展的最新成果，使成果库保持相应的先进性、便捷性，更好地服务于应用。

实现建用结合，既要明确建设管理与应用管理的重点，也要着力于打通建设与应用二者结合的通道。

（一）明确建设管理与应用管理的重点

建设与应用是一个问题的两个方面。从建设来看，中小学教育科研课题成果库建设的发起者往往是中小学教育科研课题的管理者，他们基于事业发展的需要对成果库进行设计、发起建设。从应用来看，与中小学教育科研课题研究活动紧密相关的不同主体是成果库的具体应用者。他们期望从成果库中获得自己需要的相关信息，以更好地开展课题研究、管理活动，促进中小学教育科研课题研究质量不断提升。共同的目标，使得建用结合成为可能，并促进中小学教育科研课题成果库管理不断走向精细化。

1. 建设管理的重点

中小学教育科研课题成果库建设是一个从无到有、从有到优的过程。在这个过程中，整体设计是基础，细节优化是关键。

（1）整体设计

整体设计是对中小学教育科研课题成果库的基本功能、结构框架、主要内容、呈现方式、使用规则等全方位规划的大致描述。通过整体设计，可以确定中小学教育科研课题成果库的基本轮廓，为后续建设和应用奠定基础。因此，整体设计需要依靠团队实施，在反复的论证中选择和确定最优方案。

（2）细节优化

细节优化是对中小学教育科研课题成果库的各个组成部分进行优化的过程。它是通过系列推敲、反复修改得以实现的。通过细节优化，可以保证中小学教育科研课题成果库的运行更加顺畅，更好地回应用户需求和满足用户体验。

（3）功能验证

功能验证是通过试验性应用来检验中小学教育科研课题成果库是否达到设计的目的和效果。功能验证是中小学教育科研课题成果库建设是否成功的重要标志，也是中小学教育科研课题成果库接受验收的重要基础。通常，成果库建设的提出者、不同的潜在用户、倡导成果库建设的单位等是功能验证的重要主体。通过功能验证可以促进成果库的研发单位进一步修改、完善相关的设计，高效地实现预设的功能。

2. 应用管理的重点

应用是中小学教育科研课题成果库的价值得以实现的过程。加强对成果库的推介，引导用户应用是中小学教育科研课题成果库走向应用的重要基础工作，也是贯穿中小学教育科研课题成果库管理的重要工作。

（1）成果入库

成果入库是中小学教育科研课题成果走向应用的起点。只有将符合标准的中小学教育科研课题成果导入成果库后，中小学教育科研课题成果库才能成为一个拥有实质性资源的、可应用的成果库。在成果入库时，要根据预设的标准，将中小学教育科研课题进行分门别类地导入，并注意检查成果存放的栏目位置是否妥当。当入库成果达到一定的数量后，成果库才可能具有实际应用的价值。很难想象一个没有存放成果或存放成果很少的成果库能够引起用户的注意或使用。

（2）平台推介

中小学教育科研课题成果库是存储中小学教育科研课题成果的平台。平台推介的过程实质上就是用户培育的过程。广泛地对平台进行宣传、推介，是让广大中小学教育工作者了解平台的基础性工作，也是将潜在用户变成实在用户的方法。就平台推介来看，一是要多渠道，二是要长时间。就渠道来看，如相关的会议、展示活动、研讨活动等现场推介，也可以通过网络平台进行必要的宣传。同时，也不宜期望一次推介就能取得很好的效果，而是要把成果库推介作为一项常规工作。

（3）用户管理

中小学教育科研课题成果库是由不同的用户使用的，对用户的管理是中小学教育科研课题成果库管理的重要一环。中小学教育科研课题成果库的用户管理主要包括用户注册、用户赋权、用户清理。用户注册是指允许不同的潜在用户通过平台的注册窗口完成注册，以获得对成果库使用的资格。一般来说，应当以实名制注册。通常，实名制注册的用户越多，成果库的认同度就越高，成果库的影响力也会越大。用户赋权是管理者赋予不同用户的使用权限。除了注册自动获得的基本权利外，宜根据用户贡献对其赋权，即用户对成果库的贡献越大，可能赋予的权限也越大。用户清理则是采取一定的措施对违反中小学教育科研课题成果库使用规则的用户进行处理，以维护成果库的安全与秩序。

（二）有效实现建设与应用结合

建设是应用的基础，应用则是建设的目标。建设与应用结合是发挥中小学教育科研课题成果库的客观需要。

1. 应用导向

中小学教育科研课题成果库中的成果及其他资源，只有走向应用才能实现对教育教学实践的指导、改造和优化。走向应用是中小学教育科研课题成果库从"死库"变成"活库"的根本标志。因此，一方面成果库的建设研发要充分地考虑中小学教育科研实践和教学实践的需要，基于实践的逻辑形成果库的基本框架，展现成果的基本要素；另一方面，成果库要便于用户理解，简化操作，方便用户从成果库中便捷地获得需要的资源。

2. 跨界合作

中小学教育科研课题成果库的建设要靠技术研发团队、成果生产团队、成果管理团队共同合作。通常，技术研发团队主攻的是信息技术领域，在成果库建设中担负着技术研发任务，把成果库构想转化为具体的平台框架，并对成果库的运行提供技术支持。成果生产团队则根据中小学教育领域存在的问题开展相关研究活动，为成果库提供合乎标准的研究成果。成果管理团队则主要负责成果库的运行，包括成果入库、用户管理等，使成果库的资源不断适应用户的需求。不同的团队之间的跨界合作，贯穿于中小学教育科研课题成果库建设与应用的全过程。

3. 常态沟通

用户对中小学教育科研课题成果使用的体验，需要及时反馈给成果库的管理者；成果库的新变化、新功能也需要及时反馈给用户。依托线上线下的沟通渠道，可以较好地实现管理者与应用者之间的信息互通。从线上通道来看，可以在成果库中开辟线上沟通反馈渠道，让成果库管理者与应用者及时实现信息的互通。从线下通道来看，可以深入不同的用户群体，通过座谈、试用等方式了解用户体验。沟通渠道建立后，宜进一步建立常态化的沟通机制，实现成果库建设者、应用者、管理者、使用者等不同群体的交流。

二、需求导向

需求导向是以用户的需求为基本导向，确立中小学教育科研课题成果库管理的基本框架、程序。用户需求是中小学教育科研课题成果库建设与管理的基本出发点。用户至上是中小学教育科研课题成果库建设与应用的基本思维。只有准确了解用户的需求，才能使中小学教育科研课题成果库的建设与管理更加高效。

从中小学教育科研课题成果库的建设与应用来看，其着力点是通过优化中小学教育科研课题成果的供给，来满足不同的需求主体对成果的要求，引领中小学教育科研课题研究的顺利开展，促进研究质量的提升，进而促进中小学教育教学活动的不断改善，为人民群众提供"公平而有质量"的中小学教育，最终为促进学生全面发展服务。

从这一目的来看，只有对以中小学教师、中小学教育科研管理者、中小学教育管理者等为代表的用户群体对成果的需求进行分析，才能及时回应用户需求，实现需求导向。准确分析不同用户的需求，需要着力于用户类型的细分并采取恰当的方法。

（一）细分用户类型

中小学教育科研课题成果库建设的目的是为了应用。明确用户的构成与需求特征，是建设中小学教育科研课题成果库的关键环节。从应用这一角度出发，中小学教育科研课题成果库的用户主要可以分为资源型用户、管理型用户、评鉴型用户三大类。

1. 资源型用户

资源型用户是中小学教育科研课题成果库的成果供给者和使用者。通常情况下，成果使用者的数量远大于成果供给者。从这个意义上讲，资源型用户可以细分为生产型用户、应用型用户。

成果使用者主要是从成果库中检索、提取自己需要的成果。他们以中小学教育科研课题研究为基本立足点与成果库建立起一种用户关系，这种关系本质上是一种动态的工作业务关系。从使用偏好来看，这类用户的需求涉及面广、稳定性差、期望值高，是中小学教育科研课题成果库需求分析的重点。将这类用户及其需求细分，设置不同的检索条件，迅速检索与需求关联的成果，是成果库建设的重点。从成果使用者类型来看，可以进一步细分为中小学教育科研工作者、中小学教师、中小学教育行政管理人员及其他用户。中小学教育科研工作者期望能够从成果库中检索到与自己的研究课题紧密关联的成果，以了解同类课题研究现状，掌握同类课题研究的基本趋势，寻找课题研究的新的突破点，避免开展重复研究。其对成果检索的方向、条件比较明确，对成果库的使用往往具有紧迫性、不定时性等。通常，他们会不止浏览或使用一个成果库，而是会在多个同类成果库中进行比较，发现适用性更强的成果库。如果经常使用中小学教育科研课题成果库，这类群体会成为忠实用户。中小学教师期望从成果库中检索到与自己的教育教学相关的成果，为解决自身教育教学实践中面临的问题提供参考，或为提升自己的专业素养进行专业学习。其对成果检索的方向、条件因目的的不同而呈现出相应的差异。一旦从成果库中能够发现适用于自己的成果，那么，这类群体往往容易转化为成果库的忠实用户，并能从应用的视角为成果库建设提出建设性意见。教育行政管理人员则期望从成果库中发现当前教育研究的热点、难点和痛点，对所辖区域的中小学教育科研课题情况进行整体地了解、把握，发现本区域中小学教育科研可能存在的优势与不足等。明确不同用户的需求，则可以在研发和管理成果库时，准确地回应用户需求。

成果生产者主要是为中小学教育科研课题成果库输入符合条件的优质成果。这类用户实际上是中小学教育科研课题的研究者，他们期望自己的研究成果能够得到更好的展示、分享，以体现成果价值和扩大学术影响力。因此，他们更希望能够全面地、多视角地展示自己的研究成果，同时希望将成果从线下转移到线上时能够更简便、更稳定。加强对这类用户的培育、培训是中小学教育科研课题成果库建设的内在需要。通过培育，可以扩大中小学教育科研课题成果库入库成果的来源和质量。通过培训，则可以使成果的生产者知库、用库，节约管理成本。

2. 管理型用户

管理型用户是中小学教育科研课题成果库的日常维护者。当成果库开发完成后，主要由这类用户负责成果库的日常管理维护。一般来说，这类用户主要包括对入库成果的审查核准、对资源用户的权限分配与管理、对平台运行异常的报告与处理等。就权限看，这类用户可以按管理权限的大小分成不同的层级，如超级管理用户、区域管理用户、基点管理用户等。超级管理用户拥有最大的权限，他可以对全部的资源进行审查、重置或删除，对所有用户的权限进行限制，甚至剔除问题用户。区域管理用户则由超级管理用户赋权，能够对所负责区域的资源、用户进行管理。基点管理用户则负责本单位资源用户的管理。通过不同层级的管理用户，可以形成中小学教育科研课题成果库的管理节点，提高管理效率，优化中小学教育科研课题成果库的使用体验。

3. 评鉴型用户

评鉴型用户是中小学教育科研课题成果库的评判者。这类用户主要是受平台管理者邀请进入的中小学教育专家或IT人员。对成果库内的资源及成果运行情况的评鉴是他们的主要任务。对中小学教育专家来说，他们主要是对入库成果进行点评、推介，帮助资源用户更好地理解、选择、应用成果，提高成果应用的便捷性。对 IT 人员来说，主要是反馈平台使用体验，对平台的结构、功能的进一步完善提出建议，或从技术的角度为资源用户应用平台释疑，让平台研发团队进一步改进和完善平台的设计与运行。

从中小学教育科研课题成果库的建设来看，需要基于对不同用户赋权，以资源的输入与输出为重点维持成果库的动态平衡。在这一过程中，保持用户的稳定发展，提升用户的忠诚度、活跃度，促进成果库的质量不断提升。

（二）用户分析的基本思路

产品是由用户使用的，其质量的好坏则是由用户进行评价的。因此，运用恰当的方法分析中小学教育科研课题成果库的不同用户应用需求，可以较好地落实中小学教育科研课题成果库建设与应用的需求导向。

1. 演绎比较法

演绎比较法是将中小学教育科研活动置于一定的参照系中，通过比较分析，以发现和确定中小学教育科研课题成果库应用需求的基本策略。它是以定性分析为基础，力求实现将定量研究引入定性研究，以提高分析精度的一种方法。从实践来看，演绎比较法主要包括以下具体方法：

首先，是逻辑演绎。逻辑演绎是从教育决策、教育实践、教育科研等实践活动出发，以一定的理论认识为指导，立足于拟达成的目标，客观分析不同类型的实践活动的基本任务、基本环节，进行逻辑演绎，确定中小学教育科研课题成果库的基本框架。逻辑演绎可以使中小学教育科研课题成果库服从于建设者的需要，但是要求建设者对中小学教育决策、教育实践、教育科研等有全面、完整、准确的把握，否则成果库可能与实践需求脱节，出现问题感不强、对问题的特殊性分析不深的现象。

其次，是同类对比。同类对比是通过两个及以上的两类对象的相互比较，以形成中小学教育科研课题成果库建设方案的方式。以现代信息技术为支撑的中小学教育科研课题成果库本质是一个数据库。国内常见的同类数据库有中国知网（CNKI）、万方数据库等。这些数据库拥有大量的用户，对促进社会科学（含教育科学）繁荣发展发挥了积极作用。中小学教育决策、教育实践、教育科研是具有一定内在逻辑的，并体现为特有的需求。将中小学的这些特有需求置于以上同类数据库中加以应用检验，则可能会发现上述成果库与中小学的特有需求之间的不契合性，从而在中小学教育科研课题成果库建设中避免与其他同类成果库简单雷同，赋予中小学教育科研课题成果库独特性。

2. 需求实证法

需求实证法是从中小学教育科研课题成果库的潜在用户中抽取一定的样本进行专题调研，以发现和明确中小学教育科研课题成果库需求的基本策略。它是中小学教育科研课题成果库的预运行，是探索性与实证性的结合。

一是案例剖析。案例剖析就是通过对已经发生的事件进行全面的分析，获得相应的事实和证据。通常，就是中小学教育科研课题成果库建设团队对某些中小学教育科研课题成果的使用案例进行分析，发现他们在对成果的获取、使用中存在哪些环节、有什么特殊偏好或不足，从而在设计成果库时有针对性地加以对接或弥补。

二是数据分析。数据分析就是通过中小学教育科研课题成果库的试运行，采集相关数据，分析用户偏好和需求。通常，就是中小学教育科研课题成果库完成初步的设计与框架构建后，让更多的用户参与其中，不断地使用，在使用中发现成果库可能存在的功能不足、技术漏洞等，从而在后续开发建设中不断完善更新。

3. 互动共议法

互动共议法是不同的主体围绕中小学教育科研课题成果库建设与应用的各个环节以对话为主要渠道，明晰中小学教育科研课题成果库需求的基本策略。

一是深度访谈。深度访谈就是邀请技术和专业两方面的专家进行深入的讨论、交流，发现中小学教育科研课题成果库的应用需求。从实施的角度来看，深度访谈的内容要聚焦，不宜泛泛而谈。从邀请的对象来看，要么对数据库建设的技术，主要是信息技术的发展趋势、主流技术方案及优缺点要有准确的把握和分析，要么对中小学教育科研活动、教育决策、教育实践有深刻的了解和体验，能够明确地反馈其中涉及的关键环节、具体细节，要么对数据库的应用有自己的体验，能够告诉建设者常见数据或试用数据库存在的优势与不足，对数据库的改进能够提出自己的建议。

二是主题研讨。主题研讨就是围绕如何建设中小学教育科研课题成果库进行主题讨论。在实施时，将中小学教育科研课题成果库建设这一主题，细化为对成果库的理解、理想的功能定位、使用的偏好与需要等，由设计者、应用者、管理者等不同主体充分发表自己的意见。基于深刻而广泛的讨论，把应用需求明确化，拓展设计的基本思路，使中小学教育科研课题成果库能够满足用户的需求。

中小学教育科研课题成果库的建设是对中小学教育科研课题研究与管理需求的主动回应，它是一个长期的、动态的过程。时代在变，需求在变。需求导向是顺应时代变化、顺应用户变化的内在要求。实现不同主体的互动，及时了解用户的需求，充分发挥现代信息技术的优势，是建设具有现代化水平的中小学教育科研课题成果库的关键。

三、适时更新

适时更新是通过主动调整优化中小学教育科研课题成果库，以不断适应用户的新需求。变化是世界的常态，也是教育发展的常态。成果库的建设并不是一劳永逸的。教育发展的变化、用户需求的变化必然要求成果库及时适应这些变化。因此，适应变化是成果库管理的客观要求，适时更新则是成果库管理的重要原则。

适时更新是对资源供给的优化。从动力来看，应用是驱动资源优化的重要动力。主要是通过用户需求的变化，促使中小学教育科研课题成果库的管理团队、研发团队不断优化成果库。从内容来看，适时更新包括对成果库的框架更新和库内资源更新。框架更新主要是依据信息技术的新发展、对中小学教育科研课题及成果的新认识、对中小学教育科研成果的新发展，优化成果库的基本架构，使用户能够更加便捷地获取其需要的信息。库内资源更新是中小学教育科研课题成果库更新的基础和核心。其重点是通过内容和形式的更新，保持成果库资源的先进性。

适时更新使得中小学教育科研课题成果库的维护与运行管理具有投入小、效益高的优势。适时更新可以促进中小学教育科研课题库的优化，获得量的积累，为中小学教育科研课题成果库的升级换代奠定重要基础。当更新的内容积累到一定程度后，中小学教育科研课题成果库就会发生质的飞跃。

从中小学教育科研课题成果库的更新来看，宜着力于技术更新、框架更新和资源更新。技术更新是依据中小学教育科研课题成果库建设的需求，选择更加适合的技术来实现成果库的基本功能，乃至拓展成果库的功能。成果库的功能是决定成果库价值的重要因素。随着信息技术的不断发展，前沿技术会引入到中小学教育科研课题成果库建设之中，以服务于中小学教育科研课题成果库的功能。因此，及时追踪信息技术的前沿，是中小学教育科研课题成果库管理的重要方面。框架更新是对中小学教育科研课题成果库的形式的更新。这个过程以中小学教育科研课题新进展为基础，以成果库的呈现框架为表现形式，以底层设计和技术的更新为重点。这个更新过程，一般由中小学教育科研课题成果库的管理者提出更新需求，通过与信息技术工程人员沟通后得以完成。资源更新是对中小学教育科研课题成果库中的成果进行更新。它包括新的成果输入和成果呈现的更新。成果输入是为了补充更多的成果，实现成果库资源量的增长和质的提升。成果呈现的更新是为了让成果可以更好地得到检索、查询和使用，更加符合用户的应用习惯。

实现上述更新，需要做到以理念引领更新、以技术实现更新、以资源展示更新。

以理念引领更新。中小学教育科研课题成果库的更新是以管理者的理念更新为前提的。理念反映着中小学教育科研课题成果库管理者对教育改革和发展趋势的判断，对现代信息技术的认同与接受程度，对成果及成果库等方面的基本认识，是中小学教育科研课题成果库得以更新的"魂"，是决定中小学教育科研课题成果库更新的重要认识前提。2017 年，教育部原部长陈宝生就宣布，我国教育总体发展水平进入世界中上行列。① 在迈向中国教育现代化2035的征程中，越来越多的现代信息技术将进入教育领域中。将以"互联网＋"为主要特征的教育信息化作为教育系统性变革的内生变量，支撑引领教育现代化发展，推动面向信息社会的教育理念更新、模式变革、体系重构。② 树立以变适变的理念，保持开放的心态，及时追踪时代变化，将时代产生的新技术新成果应用于成果库的管理显得尤为重要。当管理者能够从社会和教育发展的大背景中获得新的理念时，中小学教育科研课题成果库的更新就会呈现勃勃生机。成果库管理者对教育改革和发展的基本判断，对中小学教育科研课题研究及成果的认识，是决定中小学教育科研课题成果库更新的关键。

以技术实现更新。科学技术是第一生产力。基于现代信息技术建立的中小学教育科研课题成果库对技术的依赖更加明显。现代信息技术是中小学教育科研课题成果库建立和发展的重要基础。依靠现代信息技术，中小学教育科研课题成果库建设与应用的基本构想才能得以实现。缺少技术更新的中小学教育科研课题成果库难免会走向老旧，失去其先进性、便捷性。加快推进IPv6规模部署，构建高速率、广普及、全覆盖、智能化的下一代互联网，是加快网络强国建设、加速国家信息化进程、助力经济社会发展、赢得未来国际竞争新优势的紧迫要求。③ 到2025年末，预计我国IPv6网络规模、用户规模、流量规模位居世界第一位，网络、应用、终端全面支持IPv6，全面完成向下一代互联网的平滑演进升级，形成全球领先的下一代互联网技术产业体系。④ 从技术更新来看，关键是要着力于以下几个方面：一是形成新架构。中小学教育科研课题成果库的架构是中小学教育科研课题成果库的重要技术基

①　陈宝生. 努力办好人民满意的教育［N］. 人民日报，2017-9-8（7）.

②　新华社. 我国将推进"互联网＋教育"加快建设教育专网［EB/OL］.（2019-08-28）［2022-05-06］www. gov. cn/zhengce/2019-08/28/content_5425418. htm.

③　新华社. 中共中央办公厅 国务院办公厅印发《推进互联网协议第六版（IPv6）规模部署行动计划》［EB/OL］.（2017-11-26）［2022-05-06］http：//www. gov. cn/zhengce/2017-11/26/content_5242389. htm.

④　同上.

础。宜随着信息技术的发展，选择更加经济、实用、高效的技术实现对已有成果库基础架构的修补、改造、更替，使中小学教育科研课题成果库的架构具有更好的延展性，为丰富和发展成果库的基本功能奠定基础。二是算法更新。算法是实现中小学教育科研课题成果库的基本功能的重要技术。随着中小学教育科研课题成果库入库成果不断丰富，如何让成果存储更加有序，从数量众多、形式多样的成果中快捷地检索、提取符合用户需要的成果，既是技术问题，也是管理问题。更新算法则有助于这一问题的解决。三是窗口更新。窗口是导入成果、检索成果的具体操作界面。随着中小学教育科研课题成果库应用的普及和深入，其用户群体必然会出现不同程度的分化，既可能有老用户的退出，也可能有新用户的进入，充分考虑依据不同用户的习惯、需求，设计逻辑更加清晰、界面更加简洁的窗口是中小学教育科研课题成果库管理的重要任务。

以资源展示更新。资源是中小学教育科研课题成果库中的入库成果及其衍生产品。它是中小学教育科研课题成果库的生命之基。资源更新能切实满足用户的本质需求。资源更新包括以下重点：一是成果数量补充。通过输入新的研究成果，实现成果数量的积累。二是成果形态更新。其关键是运用多样化的手段来展示成果。从单个成果来看，以"一项成果，多种表现"为基本要求，从不同角度切入运用不同表现手段展示成果。从整体成果来看，则需要允许用户输入文字、音频、视频、图表等不同形态的成果，使成果具备多种表现形式。三是成果的深度挖掘。通过对成果的不同要素或不同成果之间的关系加以挖掘，构建成果分析的新视角、新结果，形成新衍生产品，以便用户发现成果之间的深刻关系，促进用户对成果的深度理解和应用。通过资源更新，才能让中小学教育科研课题成果库在量的积累中实现质的飞跃，不断满足用户需求，保持中小学教育科研课题成果库的生命力。

四、评鉴反馈

评鉴反馈是中小学教育科研课题成果库的管理者应对用户需求及时做出

的积极回应。中小学教育科研课题成果库是以应用为导向的。应用是成果库建设的重要驱动力量。及时了解和回应用户在应用中的体验是中小学教育科研课题成果库管理的客观要求。

中小学教育科研课题成果库是一个基于互联网平台的数字信息系统。在这个系统中，众多的主体基于互联网平台展开不同程度的互动，呈现出信息交换主体多元、信息流向复杂多向的特点。以评鉴反馈为基础，建立起中小学教育科研课题成果库的建设者、应用者、管理者之间的良性互动是管理的重要方面。通过评鉴反馈，中小学教育科研课题成果库的建设可以打通三者的信息交流，形成中小学教育科研课题成果库建设与应用的信息流，进而保障中小学教育科研课题成果库的质量提升和正常运转。

评鉴反馈是基于库内信息展开的。以资源为重点，以体验为基础，以改进为目标，建立信息通道可以促进评鉴反馈的顺利进行。评鉴反馈包括对以成果为代表的库内资源的主动推介与用户意见的反馈两个方面，既要注重对输入信息的评鉴反馈，也要注重库内生成信息的评鉴反馈。从信息的输入与输出来看，关键是建设性意见的采集与分析，并生成成果库改进的具体行动。有效的评鉴反馈，宜突出以下三个方面：

信道畅通。保证中小学教育科研课题成果库的信息渠道畅通才能为评鉴反馈提供可能。一方面，用户的应用体验需要通过一定的渠道反馈给管理者。比如，用户对库内资源的价值高低、资源检索的便捷程度、资源下载与导出的难易程度、窗口界面的有效识别程度等会产生不同的体验和评价。作为管理者，宜将这些信息及时收集、整理反馈给成果库的设计者，以实现对成果库的及时更新。另一方面，管理信息也需要通过一定的通道传递给用户。比如，成果库应用的基本规则及出现的特殊情况需要告知用户，用户向管理者提出定制需求需要相应渠道。因而，保证信息渠道的畅通，才能使建设者、应用者、管理者实现良性互动。

信息分析。中小学教育科研课题成果库应用过程中会生成不同的信息，分析和挖掘不同信息的价值和意义，可以促进中小学教育科研课题成果库的良性运转。一般来说，管理者对用户的意见反馈越主动、越及时，越容易给用户带来积极体验。分析不同信息的特点方能做出针对性的评鉴反馈。从互动来看，有的适宜在公开的渠道进行评鉴反馈，有的信息则需要进行单独的反馈。比如，带有普遍性的问题宜采取公开的渠道以一对多的方式反馈，而特殊的问题则宜通过点对点的方式逐一反馈。管理者需要对信息进行客观分析，选择恰当的方式进行反馈。

意见吸纳。评鉴反馈的目的在于实现管理者与应用者之间的双赢。一方面，管理者需要对用户主动提供的信息进行分析和反馈；另一方面，需要对成果库本身的不足进行批判性思考，发现成果库改进和优化的契机。比如，若用户的定制需求越来越多并呈现出一定的共性，某种程度上反映了成果库在设计和建设时可能存在一定的不足，难以满足用户在某个方面的普遍需求。这些信息实际上包含着对成果库的改进意见和建议，应及时地分析和跟进，把用户需求转化为可行性建议反馈给成果库的设计研发团队，推进成果库的改进和优化，以更好地满足用户不断变化的需求。

第二节　成果库管理内容

中小学教育科研课题成果库管理内容是指中小学教育科研课题库日常维护的基本内容。它是维持中小学教育科研课题成果库的基本功能，实现供给优化，不断满足用户需求的重要一环。中小学教育科研课题研究的发展变化和信息技术的发展是影响中小学教育科研课题成果库管理内容的重要因素。基于建设与应用一体化的视角，中小学教育科研课题成果库管理包括结构优化、成果更新、用户管理、功能调整等基本内容。

一、结构优化

结构是中小学教育科研课题成果库的基本框架。中小学教育科研课题成果库是一个由底层数据、运算规则、窗口界面共同组成的数据库。其中，底层数据是中小学教育科研课题成果库的原始资源，运算规则是对原始资源进行加工处理的基本规则，窗口界面则是中小学教育科研课题成果库的显示界面。结构的适合度对中小学教育科研课题成果库的稳定性、安全性、迅捷性等有重要影响。就其结构来看，它包括以下几个部分（见图 4—1）：

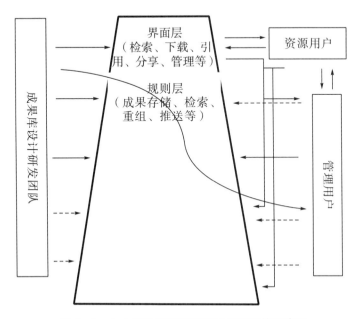

图 4—1　中小学教育科研课题成果库结构示意图

如何使数据库得以优化是中小学教育科研课题成果库管理的核心内容之一。各层次结构优化的重点包括：

底层结构优化。底层结构决定着入库资源的集合状态。对底层数据的排列是底层结构管理的关键。中小学教育教学是丰富多彩的，中小学教育科研课题成果也是丰富多彩的。中小学教育科研课题成果库底层结构的包容性决定了哪些类型、哪些形态的成果在入库时不存在技术障碍。随着现代信息技术的发展，不断增强数据库底层逻辑的包容性是技术发展的需要，也是中小学教育科研课题成果库应用的需要。中小学教育科研课题成果库的底层结构应当能够接受、识别不同类型的数据，使结构型数据、半结构型数据、无结构型数据均可以容纳于其中。因此，作为中小学教育科研课题成果库的设计者，应当考虑选择适合的中小学教育科研课题成果库技术。

逻辑规则优化。中小学教育科研课题成果库是集成果输入、存储、查询、检索、导出于一体的。不同板块、不同功能之间存在着相应的逻辑。每一项需求都具有其特定的算法。因此，设计者应当细化用户需求，选择能够满足不同需求的算法，使各项功能可以迅速实现。逻辑规则的优化并不是一次性完成的，而是基于事先的构想，在成果库运行和应用中不断实现的。

窗口显示优化。窗口事关用户的应用体验。就窗口设计来看，首先是要考虑去繁就简。界面的板块要简洁、清晰，能够方便用户发现需要的相应入口或菜单，便于在线检索、浏览、阅读；要对接用户需求，把用户需要的信息反映到相应的界面上。在信息时代，中小学教育科研课题成果库只是互联网中的一个节点，用户拥有不同类型的联网终端，应当允许不同类型的终端接入成果库。此外，宜对画面进行美化，使界面的功能区划分合理，相应的菜单醒目，易于理解，便于操作。

网络层优化。中小学教育科研课题成果库可以以独立的"单库"存在，也可以与互联网连接，从而变成"网库"。从"单库"变成"网库"需要在中小学教育科研课题成果库中植入相应的网络连接规则，形成网络层。网络层是实现中小学教育科研课题成果库从单机走向互联，成为互联网节点的关键。通常，网络层是植入在中小学教育科研课题成果库的规则层的。对网络层的优化，首先是要选择适合的传输格式。关键是选择与技术要求符合的标准传输格式，顺利实现连接。其次是要选择适合的转换方式。所应用的 IP 技术要能够使用和包容所有的通信和网络手段。

明确中小学教育科研课题成果库的基本逻辑结构，不仅可以将用户需求转化为相应的技术要求，进行相应的平台开发，而且可以使中小学教育科研课题成果库的维护变得有序。

二、成果更新

成果是中小学教育科研课题成果库的核心资源。成果更新是优化供给的核心内容，是打通中小学教育科研课题成果库线上线下联系的关键。及时更新中小学教育科研课题成果库的成果是成果库管理的重要内容，也是实现成果库常态化管理的重要标志。就更新的内容来看，主要包括数量补充、要素优化、形式更新等基本方面。

　　数量补充是中小学教育科研课题成果库管理的基础内容。入库成果越多，成果形式越丰富，成果库的包容性就越大，可能提供给用户的有效资源也就越多。简单地说，就是要挖掘、输入符合入库标准的优质中小学教育科研课题成果，使成果库的成果数量不断增长，以便用户检索、查询。中小学教育教学实践、中小学教育科研课题研究是中小学教育科研课题成果的根本来源。在保证基本质量的前提下，可以考虑更多的地区、更多的研究团队成果的引进，增强成果对不同用户的适应性。同时，也可以深入实践，加强成果定制。即通过宣传、推介成果库，加强与中小学教育科研实践中的不同群体联系，引导他们生产、推荐能够满足入库标准的多样化成果。

　　要素优化是中小学教育科研课题成果库管理的关键。首先，是成果标准的确立。中小学教育科研课题成果的质量和形式是随着中小学教育科研课题研究的深入发展而发展的。中小学教育科研课题成果库的入库标准也应随着中小学教育科研课题研究的深入发展而适时提升。是以成果是否获奖为标准，还是以成果是否解决问题的实效或同行认可度的高低为标准，可以根据中小学教育科研课题成果的实际质量而定。实践是检验真理的唯一标准，也是检验中小学教育科研课题成果质量的重要标准。要把那些同行认同度高、实践应用广泛、社会影响力大的优秀中小学教育科研课题成果吸入成果库中。其次，是成果产生的时段。从成果形成的阶段来看，是吸收最终成果，还是过程与结果并重，也是输入成果必须考虑的重要问题。除了最终成果之外，对于那些优秀的阶段性研究，也宜纳入成果库中。最后，是成果的要素。从整体来看，系统的、完整的成果更容易被人理解、应用，但是，就用户的需求来看，用户的需求是多种多样的，各不相同的，或有所差异的。宜根据成果内在的逻辑，将成果加以适当的解构，形成不同的成果要素，以方便用户从整体上理解、把握成果的整体面貌，也助力用户立足于自身研究与实践的需要，选择恰当的要素作深入的探索和研究，促成成果的转化应用。从根本上讲，中小学教育科研课题成果的要素优化是以对中小学教育科研课题的内在规律的深刻把握为基础的。因此，完成对成果的优化宜回到中小学教育科研课题的研究实践，了解和分析用户需求。同时，强化对中小学教育改革实践的热点问题的回应。中小学教育科研课题是中小学教育改革热点问题、难点问题的直接反映，因此，宜根据中小学教育改革的时代热点设置相应的内容领域和界面板块，形成中小学教育科研课题成果的专题，集中呈现同类研究的最新成果。

形式更新是中小学教育科研课题成果更新的一个重要方面。先进的形式更方便用户准确地理解、应用相关成果。长期以来，中小学教育科研课题成果是以文字为主要表现形式的。这一表现形式对读者的抽象思维要求较高。就某个领域来说，既可以通过采集相应的图片、视频等可视化的、直观形象的内容加以呈现，也可以借助现代信息技术，实现对中小学教育科研课题成果的可视化。通常，可视化的呈现会降低理解的难度，增加理解的准确度。基于现代信息技术的中小学教育科研课题成果库在降低用户理解难度，增加理解的准确度方面具有天然的优势。成果形式的更新，宜以立体化呈现为重点，容许同一成果以不同形式呈现。从这个意义上讲，中小学教育科研课题成果库成果形式更新管理的重点就是要确定不同的成果展现视角，形成立体化、多样化的成果展示窗口。

资源关系挖掘。加强对中小学教育科研课题成果的价值挖掘，形成成果展示的主体平台。如同类成果的关系分析，共同的参考文献的集中分析。构建基于成果的实质内容和相互关系的比较内容，以方便用户更好地理解成果、应用成果。

三、用户管理

用户管理是对中小学教育科研课题成果库应用者的管理。资源用户和管理用户是中小学教育科研课题成果库的基本用户。从运行来看，成果的入库、应用、管理是中小学教育科研课题成果库发挥其作用的基本功能板块。与此对应分布着不同的用户，即成果生产者、成果应用者、成果管理者、成果评鉴者。成果的生产者和应用者属于成果库资源用户的范畴，成果管理者则属于管理用户的范畴，成果评鉴者则属于专家库。用户管理的核心内容是对上述用户进行开发、赋权、维护。

（一）用户开发

用户是中小学教育科研课题成果库发挥价值的重要前提。离开了用户的成果库只不过是一个纯粹的数据集合平台，甚至仅有其基本框架而无实质内容。就用户的类型来看，生产型用户、应用型用户、管理型用户、评鉴型用户是中小学教育科研课题成果库用户的主体。不同类型的用户具有不同的特征，在成果库建设和应用中发挥着不同的作用。一般来说，每一类型的用户都有一个从少到多、从不稳定到相对稳定的阶段。因此，用户开发的核心是针对不同用户的任务和特点，确定差异化的管理内容，让成果库的用户从少到多、从流动性大到稳定性强。

生产型用户是中小学教育科研课题成果库资源的供给者。他们一方面为成果库提供新的资源和成果，同时也从成果库获得资源以优化自身的研究与成果生产过程，提高成果生产和供给的质量。生产型用户的管理重点是要为其提供丰富的参考资源，形成资源供给—资源生产—资源再生的良性循环，促进中小学教育科研课题成果库的资源不断丰富，不断更新，从而为提高中小学教育科研课题成果库服务的多样性奠定基础。

应用型用户是中小学教育科研课题成果库的最重要的消费者。他们以消费为基础，实现中小学教育科研课题成果库中的资源（主要是成果）完成转化、走向应用。对于应用型用户来说，要为其提供丰富的可利用资源和便捷的成果利用方式，形成资源供给—资源利用—信息反馈的应用机制，促进中小学教育科研课题成果库在从静态向动态变化的过程中不断深入到中小学教育科研实践和教育教学实践，为改造中小学教育实践提供服务。同时，要注意引导应用型用户向生产型用户转变或兼具生产功能，为中小学教育科研课题成果库输入新成果、新资源。

管理型用户是中小学教育科研课题成果库的日常维护者。他们对于成果库的稳定运行发挥着重要作用。一方面，他们通过监控、分析成果库运行状态，维护成果库的正常运行；另一方面，又将不同的用户需求转化为中小学教育科研课题成果库更新升级的新动力、新起点。管理型用户的管理重点是要让不同层级的管理者发挥其积极作用，形成中小学教育科研课题成果库网络节点，使中小学教育科研课题成果库成为多节点的网络系统。

评鉴型用户是中小学教育科研课题成果库的评判者。他们对于成果库的建设与应用具有意见领袖的作用。一方面，他们通过对入库成果的分析、点评，给予应用型用户、生产型用户指导，减少应用和生产中出现的偏差，提高成果应用和生产效率。另一方面，他们的意见也会成为管理型用户优化成果库建设、完善成果库功能的重要依据。评鉴型用户管理的重点是让他们准确地理解入库成果，对成果进行及时的、精准的点评，并提交自己的评鉴意见。

（二）用户赋权

用户赋权的核心是对中小学教育科研课题成果库的不同用户应用成果库的权限予以规定。让中小学教育科研课题成果库的不同用户拥有不同的权限是维持中小学教育科研课题成果库既相对稳定又比较活跃，且能促进成果库走向繁荣的重要手段。

对于生产型用户来说，拥有相应的成果输入和成果输出权限是发挥他们的功能的重要前提。宜根据其提供的成果数量的多少、质量的高低、形式的新颖程度等赋予他们不同的权限，让生产型用户能够和愿意为成果库提供自己的新思想、新产品、新成果，丰富中小学教育科研课题成果库资源。

对于应用型用户来说，拥有便捷的浏览、下载、保存等权限是培育他们对成果库的认同感和忠诚度的重要前提。应用型用户往往是从访客转化而来的。宜采取注册制等方式，使用户从访客逐渐变成稳定的、忠诚的会员型用户，使他们不仅可以应用成果库的资源，而且愿意及时反馈意见、建议。

对于管理型用户来说，则需要拥有与其管理职责相匹配的权限。一般来说，管理型用户可以采取定向指定或培育的方式产生。尤其要重视利用和依托各地教育科研机构或专业精通、在相应领域内有较大影响力、信息技术应用娴熟的专业人员形成管理用户群。根据管理用户所处节点的重要性，赋予其相应的权限。如对上传成果的审核、评鉴、指导等权力，使成果库的管理成为一种团队行为，为扩大成果库的影响力、推进成果库的组织化应用提供重要的组织保障和专业支撑。

对评鉴型用户来说，拥有便捷的评鉴条件是发挥其作为意见领袖作用的重要前提。评鉴型用户是教育领域中的专家，拥有较好的影响力和专业权威，他们往往是通过特邀这一方式成为成果库的用户的。宜通过优化平台设计，为他们创造便捷入库、便捷评论、便捷提交意见的条件。就平台设计来看，阅读界面宜宽阔，保证他们可以较长时间在线阅读。宜赋予评鉴型用户全面了解和分析成果的内容、方便地输入修改保存评鉴意见、准确地发表评鉴意见等基本权力。

（三）用户维护

基于互联网技术的中小学教育科研课题成果库用户具有极大的流动性。用户维护的核心任务是保持用户的稳定，并促进用户群体的壮大。对用户需求积极回应，通过各种方式为用户提供增值服务是用户维护的重要内容。

对于生产型用户来说，既要有线上的维护，更要有线下的维护。从线上维护来看，关键是为其提供便捷的成果上传、下载的通道，并对其上传的成果给予及时的回应，形成以生产型用户、应用型用户为中心的管理模式。同时，对不同的用户可以建立适当的激励机制，鼓励用户为成果库的建设与完善建言献策，贡献自己的研究成果，增进成果库的活跃程度。从线下维护来看，则宜依托中小学教育科研课题成果库的应用为不同用户提供专业指导、培训，分享专业经验，促进其研究和管理的实践不断改进。通过不同用户之间的线上线下互动，形成以线下生产和应用为基础、以线上分享为特征的中小学教育科研局面，进而为促进中小学教育科研繁荣贡献力量。

同时，对违反成果库应用规则的用户及时清理，是中小学教育科研课题成果库用户维护的另一个方面。一般来说，要重点防止合法用户被冒充、恶意用户搞攻击行为。对于那些恶意违反规则的用户可以通过禁言、削减权限等方式限制其对成果库的应用，甚至取消其会员资格，防止其对中小学教育科研课题成果库的恶意攻击和破坏。对那些在平台中的违背国家法律法规的意见、恶意攻击别人的非学术性意见进行及时清理。

四、功能调整

功能调整是对中小学教育科研课题成果库的功能更新。用户需求的变化、建库技术的发展、入库资源的丰富等必然会导致中小学教育科研课题成果库功能的变化。通常，中小学教育科研课题成果库的功能更新表现为成果库功能的扩展，主要是对已有功能的优化、对新增功能的测试及上线。功能调整是由成果库的设计者和管理者共同完成的。实现功能调整要把握以下重点内容：

（一）理念更新

中小学教育科研课题成果库是为用户服务的。具体地说，为中小学教育科研服务、为中小学教育实践服务的定位决定了随着用户对中小学教育科研课题成果的基本认识的发展变化、中小学教育科研的发展变化，必然会导致中小学教育科研课题成果库功能的变化。中小学教育科研课题成果库的功能是一个从低级到高级、从少到多、从简单到复杂的过程。在建库理念上不能仅停留于为用户提供基础的、简单的、低级的服务。如，存储、查询、下载等功能就是成果库的基本功能。如果仅局限于这些功能，其实并没有发挥中小学教育科研课题成果库作为电子平台和数据库的优势，是对成果库的极大浪费。建库理念的更新要突出服务理念、技术理念、应用理念的更新。

服务理念更新及时是中小学教育科研课题成果库建库的基本要求。它涉及对中小学教育科研课题成果库的基本功能的定位与调整、涉及中小学教育科研课题成果库建设与应用关系的认识。必须树立用户至上的理念。用户是中小学教育科研课题成果库发挥作用的重要基础。如果不能提供用户所需的服务，那么中小学教育科研课题成果库就失去了存在的意义。中小学教育科研课题成果库作为教育科研管理供给侧改革的重要部分，其全部价值表现为为用户提供丰富便捷的成果检索、查询、下载、分析、推介等服务。因此，需要根据用户需求调整、更新、扩展成果库的功能，为用户提供便捷、全面、有针对性的服务。

技术理念先进是对中小学教育科研课题成果库建库技术的基本要求。它涉及从众多的信息技术中选择恰当的、先进的技术搭建成果库的基本框架，并维护平台的稳定性，以迅速地实现成果库的预设功能。就技术理念来看，需要成果库的建设者、管理者拥有开放的心态。信息技术的发展日新月异，不断地了解、学习、吸纳先进的信息技术，并应用到成果库的日常管理与维护中，方能保持中小学教育科研课题成果库的先进性。特别是随着 5G 时代的来临，移动办公、移动学习日益成为常态，随时随地便捷地获取需要的信息已经成为必然。这些变化需要中小学教育科研课题成果库的建设者、管理者对技术理念更新保持高度的敏感性。

应用理念准确是对中小学教育科研课题成果库用户特征的基本要求。它以成果库与用户的关系定位为基础，直接影响到能否对用户需求做出及时、准确的回应。一方面，它需要关注用户需要什么，另一方面需要关注用户如何应用。只有将二者结合起来，才能对用户需求做出准确完整的判断。在信息时代，各种信息资源已经过剩，用户面临的信息不再短缺。优化成果供给是应用理念的基本出发点。传统社会中等待用户上门的做法早已不再适用，必须主动加强与用户的沟通与互动，针对用户需求优化成果供给，提供针对性服务，提高服务质量。

（二）功能扩展

功能扩展是中小学教育科研课题成果库功能调整的重点。一般来说，任何成果库都有一个从低级到高级、从简单到复杂的发展过程。发展的过程也是成果库功能不断丰富、不断完善的过程。这个过程表现为成果库的不断升级。如，早期的成果库往往只有存储、查询、下载等基本功能，甚至存储成果的平台仅实现了成果从纸质状态转化为数字状态存在于某个局域网之中，客观上造成成果库的受益群体有限，影响力有限。克服成果库的局限性，需要不断扩展其功能。

首先，是终端兼容。现在能够接入互联网的终端日益多样化，甚至让人眼花缭乱。随着泛在学习模式的日益普及，用户所使用的互联网终端也日益多样化。允许不同的终端顺利地接入是中小学教育科研课题成果库研发的基本要求。因此，成果库应当允许通过不同类型的互联网终端进行访问，使常见的台式电脑、平板电脑、智能手机等终端都可以顺利地接入平台之中，在能够联网的地方做到随时随处可用。

其次，是功能衍生。优秀的中小学教育科研课题成果库是中小学教育科研工作者进行研究、管理的重要助手。随着中小学教育科研课题入库成果的丰富，成果库运行技术的发展，为用户提供更加丰富的服务内容和方式成为可能。因此，根据用户需求在原有功能的基础上及时衍生增加成果分析、成果比较、成果查新、成果管理等功能。通过成果库运行数据分析用户需求，根据用户输入的关键词及衍生联系，主动为用户推送其需要的信息，减少用户检索、筛选信息的时间。在结果呈现上，宜将相关的查询、查新、报告等功能集于平台之中，赋予平台更强的生命力和应用力。

再次，是资源备份。联网的成果库则存在被人恶意攻击或意外事件导致的风险，这可能使成果库资源具有丢失的风险。因此，中小学教育科研课题成果库需要具备自动备份的功能。特别是随着入库成果的增加，及时扩大成果库的容量，实现成果自动备份尤为重要。

最后，是定制服务。定制服务是中小学教育科研课题成果库资源极大丰富、功能足够强大后由用户多样化需求催生的一种增值服务功能。一般来说，当中小学教育科研课题成果库能够满足用户的基本需求后，用户希望能够定制更加符合自己需求的服务，以助力解决自己面临的实际问题。中小学教育科研课题成果库管理者可以利用成果库平台具有的优势，授权用户利用平台功能自主完成需要的定制服务，也可以由中小学教育科研课题成果库的管理团队根据用户需求利用后台功能来实现用户需求。

此外，任何一个数据库在运行一段时间后都会产生升级的需求。从研发的角度来看，中小学教育科研课题成果库也应当具备后续的升级可能。

第三节　成果库管理方法

成果库管理方法是维持中小学教育科研课题成果库正常运行的基本策略和手段。中小学教育科研课题成果库建设与应用是一个从线下到线上、从线上到线下持续的、循环往复的动态过程。成果库管理的直接目标是通过对中小学教育科研课题成果库构成要素的合理干预，促进成果库保持稳定，并发挥其设计功能。根据不同的内容和标准，可以将中小学教育科研课题成果库管理方法分为不同的类型。通常，中小学教育科研课题成果库的管理是通过后台操作实现的。着眼于中小学教育科研课题成果库的后台管理，中小学教育科研课题成果库管理办法可以分为系统分析法、资源更新法、数据测评法、风险防控法、委托管理法、宣传引领法。

一、系统分析法

系统分析法是对中小学教育科研课题成果库进行全面多维的分析和评判，并针对成果库存在的问题与不足加以干预的方法。系统分析法以定性分析为基础，实现中小学教育科研课题成果库与时代发展要求相结合。在这里，系统并不单纯是软件意义上的系统，而是指中小学教育科研课题成果库具有相对独立、完整的生态，与中小学教育科研活动保持紧密的联系，成果库与其所属的大系统存在着稳定的信息和能量交换。保持中小学教育科研课题成果库的正常运转，对其系统分析宜从趋势、需求、要素、技术等方面切入。

（一）趋势分析

趋势分析是从宏观背景中了解、判断用户对中小学教育科研课题成果库需求的发展变化。通过趋势分析，可以使中小学教育科研课题成果库在整体框架上能够反映出时代关注的热点、焦点、难点问题。趋势分析宜突出以下重点：

一是时代任务。一个时代有一个时代的任务。时代的要求和期盼必然会通过恰当的方式反映到教育中。当前，我国的教育水平已经处于世界中上行列，依据《中国教育现代化 2035》的基本要求，加快推进教育现代化、建设教育强国、办好人民满意的教育是时代的重要主题，也是新时代发展教育的重要任务。中小学教育科研课题成果库的管理者要善于从国家教育改革和发展的政策要求中把握时代对教育的要求，以国家教育改革和发展方向引领成果库的建设与管理。

二是选题方向。选题意味着中小学教育科研活动对时代要求的回应。研究和解决在新的时代背景下、新的教育实践中面临着的实际困难和问题，为教育改革和发展做出积极贡献，让中小学教育科研课题研究回应时代的需要。同时，中小学教育科研课题的研究方法会随着时代的变化和研究者的整体研究水平提升而变化。中小学教育科研课题成果库的管理者宜加强对现实中的中小学教育科研的分析，了解中小学教育科研工作的新动向、新发展，并结合对库内成果和资源的分析，实现对成果库资源的调整与优化，使成果库的资源能够及时反映中小学教育科研课题研究中涌现出的、能够及时回应时代热点、焦点、难点问题的成果。

三是技术环境。现代信息技术是中小学教育科研课题成果库的具体支撑。20 世纪 80 年代，美国就有人提出了"大数据"概念。[①] 目前，大数据理念、思维、技术日益渗透到社会的各个领域，数据已经成为重要的生产资料和创新资源，迅捷地获得数据成为各行各业的首要追求。现代信息技术已经广泛应用于社会生产、生活的各个方面，人们对新技术比过去更加敏感。同时，互联网生态在发生巨大变化，用户使用习惯也在发生巨大变化。早在 2017 年，视频数据占据了互联网流量的一半以上，移动互联网用户超过了电脑终端。信息技术的变化是日新月异的，了解、掌握信息技术发生的新变化、取得的新成果，可以及时把握中小学教育科研课题成果库的更新契机。

（二）需求分析

需求分析的重点是了解不同用户对成果库的期盼和应用偏好。基于用户的需求分析是提高中小学教育科研课题成果库契合性的基本方法，贯穿于中小学教育科研课题成果库管理始终。围绕需求分析，调研是需求分析的基本方式。

从调研来看，可以采取实地调研与网络调研相结合的方式进行。就实地调研来看，主要是深入到学校教育科研的实践中开展现场调研，通过与用户面对面的交流，了解用户的期盼和实际需求，了解成果库建设与运行中存在

---

① 涂子沛. 数据之巅：大数据革命，历史、现实与未来［M］. 北京：中信出版社，2019：257.

的不足。从网络调研来看，主要是利用互联网平台实施调研。网络调研的实施主要是利用中小学教育科研课题成果库自身优势，在平台中设计相应的栏目，开展专题性的长期性调研或阶段性调研，了解用户的需求，采集用户的相关意见和建议。

实地调研和网络调研各有优劣。从调研规模来看，针对不特定的对象或者对象数量较多、分布广泛的情况，可以采取网络调研；对于范围和对象比较确定的，则可以采取面对面座谈的方式进行调研。网络调研具有省时省力、调研范围广泛、操作方便等优势，调研数据处理可以利用网络平台进行实时处理，调研进度可监控。同时，也可能存在信息失真的风险。现场调研则存在耗时耗力、调研范围受限较多等不足，但是获得的信息可信度则较高。在中小学教育科研课题成果库管理中，可以根据实际情况，将网络调研与现场调研结合起来，以实现对用户需求的精准把握。

（三）技术分析

技术分析是对建立和维持中小学教育科研课题成果库运转的基本技术的评判。基于现代信息技术的中小学教育科研课题成果库实际上就是一个数据库。从数据库的建设来看，每隔一段时间，数据库的建设技术就会发生巨大变化。过时的技术就会被淘汰，有效的新技术则会被应用。选择合适的技术，有助于优化中小学教育科研课题成果库的建设方案，保证成果库的稳定性和安全性，实现成果库的正常运转。因此，成果库的设计者和管理者需要及时分析已有成果库采取的技术存在的不足或过时的方面，紧跟先进的数据建设技术、框架，以对成果库的建设技术做出选择、调整，保持中小学教育科研课题成果库的先进性。

专家咨询是实现技术分析的重要组织形式。技术分析的具体过程是由行业专家完成的。通常，专家主要来源于 IT 行业和教育行业。IT 行业的专家主要承担对数据库建设的理论、发展趋势、技术评估、实现路径等的全面分析。教育行业的专家则主要承担对中小学教育科研课题成果库内容需求、已有成果库应用的不足进行分析、细化。两个行业专家的合作，可以实现技术与需求的对接，实现技术为需求服务。

从成果库的基本功能定位出发，宜着力于将成果库不同用户的应用偏好置于信息输入、运行、输出等基本环节，分析成果的存储、检索、阅读、下载、分析等具体操作是否便捷、是否达到设计要求等，从而对成果库的功能做出相应判断，提出成果库功能调整和完善的意见。

从成果库资源来看，宜从入库资源的基本类型与成果库的功能区划分对应，评判入库资源的分类是否合理，在库资源的要素是否完整，能否为用户提供其需要的信息，进而为形成符合教育规律、契合用户需求的中小学教育科研课题成果入库标准奠定基础，减少成果的后期加工成本和难度。同时，也要加强对不同类型入库资源的形式进行分析，实现成果的多样化表达。

二、资源更新法

资源更新法是指对中小学教育科研课题成果库承载的资源的更新方法。它是中小学教育科研课题成果库的管理者和用户之间互动的基本方式和途径。资源更新常态化是中小学教育科研课题成果库日常管理的重要要求。对用户的需求分析、入库资源的采集、优质资源筛选、优质资源入库、资源呈现是中小学教育科研课题成果库资源更新的基本历程，也是中小学教育科研课题成果库资源管理的关键要点。

（一）需求对接

需求对接是中小学教育科研课题成果库资源更新的关键。对于用户需要什么样的资源，管理方宜通过不同的渠道进行调研和分析，发现用户的需求，细分用户的需求。结合用户需求和教育科研课题研究的发展趋势，提出资源更新的基本构想，实现入库成果与用户需求的对接。一方面需要充分学习、研究教育改革和发展的新趋势、信息技术发展的新趋势，提出入库成果应当具备的基本要素和形态，形成对中小学教育科研课题成果的明确要求；另一方面，在中小学教育科研课题成果的基本要素和形式上对用户需求做出积极回应。中小学教育科研课题成果库对中小学教育科研课题的发展规律与趋势的把握越深刻，对用户需求的分析越准确，对中小学教育科研课题成果的采集就会越顺畅，能够减少中小学教育科研课题成果采集成本，提高入库成果的质量，为中小学教育科研课题成果的应用奠定坚实基础。

（二）标准更新

中小学教育科研课题成果库的入库成果包括质量标准和技术标准。质量标准是基础和核心，质量标准的确立要回答成果的基本取向，应当具备哪些特征、哪些要素等。技术标准则重点反映成果以哪些形式存在，如音频、视频、图片、文字等形式上的要求。将质量标准和技术标准结合起来，不仅可以使中小学教育科研课题成果的生产者主动对接成果库入库要求，减少成果入库后续加工整理的成本，而且会使入库成果的形式变得更加丰富。从环节来看，标准更新要抓住成果整理、成果入库、成果呈现等关键环节。

成果整理即管理者依据成果入库要求，对成果进行规范化的整理。一般来说，成果的形式整理是中小学教育科研课题成果入库前工作的重要内容。成果整理是与成果筛选紧密联系的。一定意义上讲，成果整理也是成果筛选的过程。它需要经历比较、反馈、修改等基本环节。比较，就是根据更新的成果标准，从数量众多的成果中选择出符合标准的优秀成果。与标准比较、与其他成果比较是比较的两个基本维度。反馈就是将通过初选的成果反馈给成果生产者，提出成果的修改意见。修改是成果生产者依据成果入库标准对成果进行对标修改和完善。

成果入库是成果生产者或管理者依据相应的权限将成果上传入库的过程。从过程来看，它包括成果上传和核准两个基本环节。从质量方面来看，成果入库管理要注意准确性、及时性。对成果所属的基本类型、基本信息、领域板块等要准确判断，将其分类到恰当的位置，避免因错误分类而导致成果库资源的逻辑混乱。同时，要特别重视将已经受实践检验的成果及时入库，使用户能够更早地检索、应用成果。

成果呈现是以恰当的方式呈现相应的成果。从成果呈现来看，一是要体现成果的逻辑性。呈现方式要便于展示成果的内在逻辑，有助于不同的用户准确地理解成果的基本内涵、不同要素之间的相互关系。二是要体现成果的多维特征。从不同的角度来反映成果的特征，以助于用户形成对成果的立体化认识。三是要便于应用。从线上应用来看，入库成果要方便用户在线浏览、阅读，或从平台上复制、下载、保存。从线下应用来看，便于用户理解和用于实践，解决实际问题。成果呈现是通过电脑界面实现与用户交互的。因此，宜根据用户的特征优化、美化界面设计，以方便用户使用。

三、数据测评法

数据测评法是利用中小学教育科研课题成果库运行产生的数据对成果库进行分析管理的方法。它是以信息技术为基础的现代数据库管理的基本方法之一，也是中小学教育科研课题成果库区别于传统成果库管理、及时发挥其优势的重要方式。以数为据是中小学教育科研课题成果库数据测评法的基本特点。数据测评的实施由数据采集、数据分析、数据回应等步骤构成。

数据采集是对平台数据的记录、整理、归类等。数据采集可以在成果库运行过程中自动实现，也可以在自动采集的基础上进行二次整理和归类。中小学教育科研课题成果库中的数据表现为成果库运行产生的数据，它是计算机可以自动读取、直接使用的数据。从自动采集来看，需要分析不同用户的需求，通过系统设计的规则来完成相关的读取、记录、保存。自动采集的数据具有准确性高、实时显示、应用便捷等特点。从二次采集来看，则需要管理用户根据确定的管理目标，对系统记录的原始数据进行整理归类。二次采集的数据反映的是系统截至某个特定时间点的状况，具有相对滞后性。

数据分析是对平台产生的数据进行分析。叠加数据和异常数据是数据分析的重点。就叠加数据来看，如果说单一的数据只能反映中小学教育科研课题成果库某个特殊时刻的状况，那么，长期的数据叠加后则可以反映中小学教育科研课题成果库某一方面或多个方面的特征。异常数据则是对平台运行中出现的异常情况的记录，它的出现意味着平台运行中出现了突发事件。通过异常数据，可以发现成果库运行出现的问题。比如，某些板块可能出现访问数据、下载数据在短时间内的大量增加或减少。分析这些数据，可以进一步发现用户的基本构成、应用偏好、关注的热点问题等，对成果质量做出客观的判断。同时，还可以分析成果库内的不同要素、不同成果之间的关联性，发现成果库内部要素及其影响因素之间的深层关系，进而为成果资源的优化、成果库框架的调整提供直接的证据。

数据回应则是以数据分析为基础，对成果库做出优化、调整。数据是中小学教育科研课题成果库运行情况的真实记录和反映，也是中小学教育科研课题成果库进行优化、调整的直接证据。基于数据分析的回应往往具有及时性、精准性等特点，可以增强用户体验，维护用户的稳定性。树立数据意识，掌握必需的数据挖掘技能，可以不断提高数据回应的及时性、精准性。依据积累的数据发现中小学教育科研课题成果库的特征、问题，从成果库的框架、成果库的资源、成果库的运行等方面做出回应，是中小学教育科研课题成果库管理的重要方式。在回应时，既要重视对普遍性、典型性数据的回应，也要重视对反映个性化需求数据的回应。

进入信息时代，数据是信息的载体。在社会管理方面，"用数据说话、用数据管理、用数据决策、用数据创新"的特征越来越明显。中小学教育科研课题成果库管理中数据测评法使用的程度，是反映中小学教育科研课题成果库电子化平台水平高低的重要标志。中小学教育科研课题成果库运行时间越长、用户越多，其数据总量会不断增加，而且增加的速度会不断加快。通过数据测评，可以根据数据及时改善中小学教育科研课题成果库的功能、资源质量及其表现形式。

四、风险防控法

风险防控法是对中小学教育科研课题成果库的潜在的不确定性进行预防和控制的基本方法。不确定性可能会给中小学教育科研课题成果库造成损失。虽然在研发时已经把相关的风险防控考虑到系统设计之中，但是，联网后的中小学教育科研课题成果库处于 24 小时运行状态，具有任何时间、任何地点都可用的优势，同时可能有遭到来自互联网恶意攻击的风险，存在因系统运行不稳定导致的不确定风险，仍然需要加强风险防控。注册授权、评论甄别、智能巡航是中小学教育科研课题成果库风险防控的常见方式。

注册授权是中小学教育科研课题成果库风险防控的重要环节。注册授权是在中小学教育科研课题成果库会员制管理中的具体应用。通过注册授权，可以从成果库的入口开始加强风险防控。由于中小学教育科研课题成果库主要是面向中小学教育科研专业人员的一个小众的成果库，其建设与应用目的主要是服务于工作，因此，应按照"后台实名、前台自愿"的原则，对注册用户进行身份信息认证，[①] 鼓励用户采取实名制注册，并提交真实的基本信息，使用户提交的注册信息与其享有的使用权限关联。通过对不同用户的授权，可以基于平台建立广泛覆盖的管理网络和管理节点，为建立和实现团队管理奠定重要基础。

评论甄别是指对中小学教育科研课题成果库内的生成性意见进行区别对待。用户对中小学教育科研课题成果库成果的评论是实现用户之间、用户与平台之间互动的重要方式。正常的评论应当得到鼓励和支持。但是，也可能存在评论失当的风险。管理团队宜加强对评论信息的甄别，对于违背国家法律法规，具有政治方向性错误的言论及时采取提醒、屏蔽、禁言，直至限制用户权限，取消其注册资格等措施防范相关风险。

智能巡航是利用中小学教育科研课题成果库所具有的自我监控功能维持其稳定状态。它是中小学教育科研课题成果库的自我管理，具有"以库管库"的特点。智能巡航的规则需要在研发阶段设计。因此，要重视将平台运行状态的自我监控纳入平台研发之中，在平台遭受攻击时自动发出相应的预警。制定平台的应用规则，强化用户识别，让用户在相应的权限内操作、使用成果库。在中小学教育科研课题成果库运行时，则应当开启相关的智能巡航功能。智能巡航所产生的结果，经中小学教育科研课题成果库的应用者甄别后，可以迅速采取相应的措施做出回应，从而维护中小学教育科研课题成果库安全运行、稳定运行，或实现成果转化应用。

五、委托管理法

委托管理法是指将中小学教育科研课题成果库的部分管理任务委托给专

---

① 中华人民共和国教育部. 教育部等八部门关于引导规范教育移动互联网应用有序健康发展的意见［EB/OL］. （2019-09-05）［2022-04-19］http：//www. gov. cn/xinwen/2019-09/05/content_5427553. htm.

业团队实施的方法。中小学教育科研课题成果库是一个具有高度的、复杂的技术含量的系统，即使面对一个成熟的中小学教育科研课题成果库，成果管理者也难以承担全部的管理任务。因此，中小学教育科研课题成果库的拥有者可以将不擅长的管理任务采取委托管理的方式交由专业的团队来承担。通过委托管理，可以使中小学教育科研课题成果库的运行更加稳定、更新更加及时。

委托管理主要是针对中小学教育科研课题成果库的技术管理和运行来说的。现代社会的分工越来越细、越来越专业。对于技术基础专业性要求高、库内资源复杂的中小学教育科研课题成果库，采取委托管理是一种经济高效的管理办法。通过委托管理落实网络安全主体责任，防范应对网络攻击，保障系统的平稳、安全运行。就内容来看，它重点包括对中小学教育科研课题成果库的基础技术架构的选择、调整、优化及相关运行风险防控等方面。

委托管理是将管理方的需求交由专业团队来实施和实现，将管理者的需求转化为技术要求是委托管理的关键。因此，管理方与委托方宜保持常态化沟通，促进中小学教育科研课题成果库的支持架构适当更新，保持技术上的先进性以及运行的安全性、稳定性。

安全性是中小学教育科研课题成果库管理的一个重要方面。被委托方应当通过人防、技防、物防的方式相结合，保持成果库运行的安全、稳定，增强用户使用的积极体验。同时，采取委托管理，要防止因合作双方中止合作带来成果库崩溃的危险。从维持成果库的有效运转，发挥其积极作用的角度来看，宜抓住中小学教育科研课题成果库的稳定性、安全性等重点内容规定双方的责权利。在保证基本的运行安全的基础上，要特别注意防止用户信息的泄露。

委托方式上，宜以协议的方式确定双方的责权利。在相关协议中，需要详细列出委托的责任、权限，如服务时限、服务方式、违约责任等，防止责权不明导致成果库出现运行隐患，甚至发生运行事故。

此外，还应主动通过参加网络安全认证、检测，全面提高网络安全保障水平。①

六、宣传引领法

应用是中小学教育科研课题成果库建设与管理的根本目的。让更多的人知晓、了解、应用成果库，才能发挥中小学教育科研课题成果库的价值。宣传引领法是对用户进行宣传、培育的方法。宣传引领法以管理团队主动与用户互动为基本特征，可以在互动中为用户提供增值服务，增强用户使用的积极体验，培育用户的忠诚度。常用的宣传引领法包括推介、培训、告示等方法。

推介就是通过不同的渠道、不同的形式对成果库进行宣传、介绍，以获得更多的用户，赢得更多用户的认同。从内容来看，推介包括平台推介、成果推介、典型推介等。平台推介主要是介绍平台本身的功能、特点等，让人知晓成果库的存在，能够通过便捷的检索方式准确地找到平台，并引导用户迅速地掌握成果检索、复制、下载、保存等基本方法。成果推介主要是对中小学教育科研课题成果库内的资源，特别是成果的介绍，引导用户了解库内成果的建构逻辑，准确地理解和应用成果，服务于中小学教育科研的选题、研究、管理以及教育教学实践等。典型推介主要是对中小学教育科研课题成果库应用中发现的典型案例进行介绍、分析，引导用户进一步对相关应用进行深刻解读，增强成果库应用的熟练度。在形式上，可以通过网络平台、业务会议、报纸杂志等新型渠道和传统渠道结合的方式，让更多的用户了解、知晓、应用平台和成果。网络推介方面，除了可以利用中小学教育科研课题成果库进行之外，更重要的是通过相关的关联网站对中小学教育科研课题成果库进行推介。业务会议推介是通过中小学教育科研方面的工作会、研讨会等，结合相关业务要求向与会人员推介中小学教育科研课题成果库。报纸杂志推介主要是借助于专业的教育刊物、报纸等，向读者介绍中小学教育科研课题成果库。通过不同形式的推介，可以为中小学教育科研课题成果库吸引

---

① 中华人民共和国教育部. 教育部等八部门关于引导规范教育移动互联网应用有序健康发展的意见［EB/OL］.（2019-09-05）［2022-04-19］www.gov.cn/xinwen/2019/09/05/content _ 5427553. htm.

更多的访客，增加访问量，进而把临时的、不稳定的用户转化为长期的、稳定的用户。

培训就是聚焦于中小学教育科研课题成果库的特征与功能，有目的、有计划地引导用户顺利掌握中小学教育科研课题成果库的应用方法。从对象来看，包括对准用户的培训和注册用户的培训。准用户培训主要是推介性的，目的是让用户了解中小学教育科研课题成果库。注册用户培训则以平台应用为主，目的是提高用户使用中小学教育科研课题成果库的熟练程度。从培训内容来看，包括成果库的基本功能、结构、板块设计、成果应用示例等。从培训形式来看，可以采取线下培训与线上培训结合的方式。从线下培训来看，可以利用大型的业务会议、培训会议插入对中小学教育科研课题成果库的应用培训。从线上培训来看，可以在中小学教育科研课题成果库中插入专门的应用指导板块，或提供专业的人工咨询服务，为用户解疑释惑，让用户在应用中接受培训，提高应用的体验和效率。从培训的主体来看，可以采取中小学教育科研课题成果库的研发人员、管理人员及其他用户相结合，从多个侧面让培训对象了解和认识中小学教育科研课题成果库。

告示就是利用中小学教育科研课题成果库发布相关信息，让用户了解成果库的运行状态。中小学教育科研课题成果库是一个动态变化的系统，对于其运行状态出现的新变化、新要求或者运行故障，可以通过平台发布相应的通知、提示、告示等方式让用户知晓，并采取恰当的应对措施。在内容选择上，既可以就中小学教育科研课题成果库本身的运行情况发布告示，也可以就中小学教育科研课题成果库资源的变化发布告示。一般来说，告示的内容宜一事一示。其发布宜体现及时性、醒目性、简洁性、准确性等要求，实现平台与用户之间的有效沟通、互动。

中小学教育科研课题成果库管理是中小学教育科研课题成果库建设和应用的重要方面。其核心是运用新思路、新方法去整合线上与线下的资源，增强平台运行的稳定性，增加用户的积极体验，增进平台的活跃度，促进优质教育资源的共享。管理的创新将推动着中小学教育科研课题成果不断向前发展，在发展中不断走向完善。

第五章　中小学教育科研课题成果库的应用

教育科研的根本目的不仅在于揭示教育现象的本质，探寻教育规律，更在于指导和服务教育实践。只有当教育科研成果得到真正的推广和应用时，它才能真正转化为现实的教育生产力，本身内在的科学价值和应用价值才能得到社会的承认。《中华人民共和国教育法》明确提出："国家支持、鼓励和组织教育科学研究，推广教育科学研究成果，促进教育质量提高。"2016 年 12 月，教育部原部长陈宝生在第五届全国教育科学研究优秀成果颁奖大会暨全国教育科研管理工作会议上强调，要抓好理论生产到成果转化应用的有机衔接，让教育科研成果更多更好地转化为教案、转化为决策、转化为制度、转化为舆论。2019 年教育部在《关于加强新时代教育科学研究工作的意见》中特别强调："增强科研成果转化意识，引导鼓励开展政策咨询类、舆论引导类、实践应用类研究，推动教育科研成果转化为教案、决策、制度和舆论。建立健全优秀教育科研成果发布制度和转化机制，激发地方政府、科研机构、学校、企业转化和应用科研成果的积极性，拓宽成果转化渠道，创新转化形式，推动教育科研成果及时有效转化。"中小学教育科研课题成果库的建设，正是基于对科研成果应用意义和价值的认识，基于基础教育工作者的教育科研、教育教学改革需要，是拓宽应用渠道、创新应用方式的实践探索。以"应用"为导向，"应用者"为中心，从应用主体的需求出发，确立和建构中小学教育科研课题成果库的应用原则和应用程序。

第一节　成果库应用价值

中小学教育科研课题成果库，既是成果存储的平台、场域，也是引领、指导教育工作者进行教育科研和教育教学的"思想"源泉。厘清中小学教育科研课题成果库的应用价值，明确不同使用者的特征是成果库建设的基础。从应用的视角来看，中小学教育科研课题成果库具有以下四个方面的价值和意义。

一、加深科研工作者对教育科研课题成果的理解

中小学教育科研课题成果库应用，可加深广大教育科研工作者对中小学教育科研课题成果基本属性的理解；通过体系化的成果资源呈现，为学习者提供从问题发现到价值研究、从问题聚焦到研究设计、从理论探索到实践操作、从数据采集到结论形成的探索历程和工作路径，可以帮助教育工作者建立完整的中小学教育科研课题成果逻辑体系；还可以帮助教育工作者形成科学的中小学教育科研课题成果分类体系，明确一个高质量的成果应该呈现的基本要素，明确教育信息技术平台的教育科研课题成果呈现方式。

二、发挥教育科研课题成果在研究与实践方面的推动作用

长期以来，中小学教育科研课题成果处于"分散化""静止化"状态，不少课题成果分散在研究者各自的手中，难以充分交流和共享，课题成果的固有价值不能充分发挥。将不同研究者、不同地域、不同背景的中小学教育科研课题成果集中在一起，优化了区域内的教育资源配置，进一步打通了理论与实践之间的通道，建立了不同群体之间便捷的互馈机制。应用教育科研课题成果库，可以为应用者提供认识问题、分析问题、解决问题的新视角、新思路、新方法；应用成果库中的成果，可以为应用者提供决策依据、实践指导、舆论导向、制度范本，促使优秀成果在更大范围内共享共用，发挥打破

现实教育瓶颈的具体力量。

三、调动广大教育工作者参与成果库建设和成果验证的热情

中小学教育科研课题成果库以需求分析为基础，按照"覆盖全面，展示全程，多元分类，多点聚焦，方便检索，利于应用"的总目标指导成果采集、重组、重构，搭建起成果生产者、应用者、管理者共同参与的平台，使成果生产"源于实践，回归实践"，成果入库"先线下，再线上"，成果更新"多方互馈，注重实效"，为成果库注入来源广泛、结构灵活、质量可靠、应用便捷的中小学教育科研课题成果。这种建设方式实际上体现了以应用促建设的基本要求，可以更好地激发广大中小学教育科研工作者深度参与成果库的建设，主动进行成果应用的验证工作，为实现成果库的共建共享和高质量发展奠定坚实基础。

四、增强教育科研课题成果为教育个性化需求服务的效能

推进供给侧结构性改革，是以习近平同志为核心的党中央综合研判世界经济形势和我国经济社会发展新常态做出的重大理论创新和决策部署，是解决我国一系列深层次矛盾和问题的良方，是破解当前发展阶段重大结构性失衡、实现供求关系新动态均衡的治本之策。教育供给侧改革说到底就是抓住根源问题、重大问题、关键问题，不断扩大优质教育资源供给，优化教育资源配置，给受教育者提供更多、更好的教育选择。教育实践的复杂性、丰富性决定了教育需求的多样性。建立以中小学教育科研课题成果为主体的专业成果库旨在以新发展理念为指导，以供给侧结构性改革为主线，深入实施创新驱动发展战略，聚焦问题、聚焦成果、坚持应用导向，全面分析教育决策、教育管理、教育实践、教育科研等不同主体不同层次的需求，破解在中小学教育科研领域内存在的"信息孤岛""数据沉睡"困局，进而全面、系统、精准地汇集、展示中小学教育科研课题成果，满足不同主体的应用需求，促进教育科研课题成果的高效转化，最终实现教育惠民。基于应用者、应用价值的认识，中小学教育科研课题成果库，不仅仅是把教育科研课题成果集聚在

一起进行科学的归类、整理、数据化，便于存储、查询、提取，更为重要的是应用成果库创新科研管理、科研课题研究方法，创新教育教学方式，将科研成果转化成教育教学制度、方案，转化成科研管理活动和教育教学实践。不仅在于成果库的"建成"，最为重要的是成果库的应用。没有"应用"的成果库建设，是无"意义"的建设；没有"应用"的成果库，是一个没有价值的、"死"的成果库。"应用"是成果库的价值和"生命"所在。

第二节　成果库使用主体

一个被经常应用的成果库才是有意义的成果库。中小学教育科研课题成果库自始至终是基于"应用"和"应用导向"的成果库，是基于教师、教育管理者的教育科研、教育教学、教育管理及其改革需要的成果库。科研课题成果库的应用主体包括三类人员：管理者、研究者、使用者。

一、管理者

课题研究成果是科学发现和知识创造的结果，它反映了研究者对于现有知识水平的贡献，是评判科研活动成效和质量的主要依据。[1] 通常情况下，各领域成果库是构建形成该领域的全面知识库及其历史痕迹的必然形式，它既是有关成果管理工作的重要基础，同时也是新的研究工作者了解同类相近研究进展和结论的重要资源。

科研课题成果库按照一定的理论框架和分类方式，将科研课题活动产出的规律理论和行动方案等成果，用传统纸质媒介和新兴信息技术相结合的手段，归纳、整合在一起所形成的资料、资源集合。科研课题成果库是现代信息技术与科研管理的全面深度融合的结果。通过以信息化引领教育理念和教育模式的创新，发挥教育信息化在科研管理改革和发展中的支撑与引领作用。

---

[1]　刘贵华，孟照海. 教育科研课题成果质量的九个问题［J］. 教育研究，2015，36（09）：24.

科研课题成果库的应用与运行，需要专人管理。其中，课题管理人员具体负责成果的遴选与推广，成果库运行管理人员具体负责成果库的日常管理。

课题管理者。从地方中小学教育科研机构的发展历程来看，省、市（州）、县（区）教育行政部门设置专门的教研机构——教学研究室，其主要目的在于指导、带领中小学教师解读教学大纲、理解教材、改进课堂教学。随着教育的改革发展，中小学教师不仅是课程的实施者，也是课程的建设者；不仅是课堂教学者，也是课堂教学改革者、研究者。中小学教师成为研究者，越来越多的教师将会有组织地参与课题研究。为此，学校增设了专门的教师课题研究管理机构——教科室。

为顺应中小学教师参与研究的变革与发展，地方教研部门也纷纷内设科研规划办、教育发展（教育理论）研究室、科研（课题）管理所等，专门承担区域教育科研（课题研究）管理工作。地方教育科研机构，有了教研工作与科研工作之分，教研人员和科研人员之分。

基于上述中小学教育科研的发展历程，本章节中的科研管理人员，特指地方教育科研（教研）部门、学校教科室从事课题管理的人员。

地方、学校的教育科研管理人员承担着区域和学校教育科研的课题规划、立项评审、结题鉴定、成果推广等工作，也承担着教师的课题研究指导、科研组织（网络）建设、科研队伍建设（教师科研素养提升）等工作，同时他们本身也是区域和学校的科研骨干，是重大项目（课题）的研究者。他们对成果库的建设与应用有着更为迫切和多元的需求。认识到成果库既是一种平台、资源载体，其本身也是一种资源，同时具有存储、重组、生成、提取等功能；有必要在已有学术期刊刊发论文、出版社出版著作等方式之外，采集课题研究的过程信息、阶段报告以及同行评议意见，并采用更多元的信息技术手段，将优秀成果集结成库。

从科研管理的视角，凭借30多年以来的课题规划、管理和成果评审实践经验，他们需要应用成果库对课题研究资料进行数据化处理，归类、整理、存储，便捷地查询、提取，实现课题研究资料管理的智能化；利用成果库进行课题申报、立项评审、中期评审、结题鉴定，实现课题全程管理的信息化；

利用成果库，筛选、获取优秀的、有价值的成果，进行突破时空局限的、大范围的成果展示、推介、推广；应用成果库平台和成果案例，实现远程、在线的科研培训，提升教师科研素养、培养科研骨干；利用成果库集聚的大量数据，通过多维度的统计分析，准确把握全省和本地中小学教师科研选题、课题成果的总体情况、发展趋势，便于科学引导教师的科研选题和发布重大招标课题（项目）。

成立运行管理团队。成果库运行管理人员，具体负责研究并建立健全成果库管理的各项规章制度，负责成果库正常运行的各项保障机制的建立、健全，落实成果库的建设，以及成果库资源的编辑、维护等工作。

建立健全规章制度。成果库的建立、管理、运行，成果库资源的整理、宣传、更新，成果的应用原则、要求等都需要制度做保障，因此，行政管理人员要研究出一套行之有效的制度，并形成成果库管理办法，保障成果库的正常运行。

落实成果库的建设。成果库的建设是由多方面的人员组成，因此，行政管理人员要在成果库的建设过程中进行多方协调、沟通，并具体落实，为成果库的日常建设负责。

二、研究者

伴随着教育的改革与发展，教师的职责也随之得以丰富和发展。《中华人民共和国教育法》指出："国家支持、鼓励和组织教育科学研究，推广教育科学研究成果，促进教学质量提高。"《中小学教师专业标准（试行）》要求教师能够"主动收集分析相关信息，不断进行反思，改进教育教学工作""针对教育教学工作中的现实需要与问题，进行探索和研究"[①]。具有一定的科研素养，参与教育教学改革与研究，是时代赋予中小学教师职责的重要内容。

教学即研究，问题即课题。中小学教师应成为研究者，已经是广大中小

---

① 　教育部关于印发《幼儿园教师专业标准（试行）》《小学教师专业标准（试行）》和《中学教师专业标准（试行）》的通知（教育部文件 教师〔2012〕1号）。

学教师的共识。各级各类教育科研制度的建立和完善，也为教师的教育科研（课题研究）提供了制度的支持和保障。如何做好科研（课题），成为教师做好本职工作的重要内容。

中小学教师做好科研（课题）面临的两大问题：一是缺乏科研的基本知识和能力，二是缺少可供学习、借鉴的研究（成果）样例。我们成果库中的成果有来自全国各地中小学教师的科研课题成果，也有关于中小学教育教学改革的成果。对中小学教师的教育科研（课题研究），能够提供丰富的、"可学性"极强的案例。我们的成果库建设把中小学教育科研人员，特别是课题研究者，视为成果库最为重要的应用主体。依据中小学教育科研课题研究者的需要，建设成果库内容及其呈现方式，开展成果应用研究，就是避免重复的研究，或者发现已有成果的不足、不完善之处，结合实际开展新领域、新视角的研究。

三、应用者

成果的使用或应用，亦即成果的推广、转化，在中小学校表现为教师有目的、有计划、有步骤地对课题成果的思想内容、教育教学方法等，通过自我理解、改进，转化为教育教学活动及其过程。

成果库对成果应用人员的价值是显而易见的。目前，各行业科学研究的管理机构都日益重视成果库的建设和应用工作，更加快捷、直观地反映科学研究的最新进展和研究结论，为其他同行的研究提供参考。四川省自 1997 年迄今已连续开展了六届普教教学成果奖评选活动，积累了上千项优质成果，并通过成书的方式对成果进行推广。

从应用者来看，成果的应用即应用于教学、改进教学。进入新时代，无论是推进教育现代化，建设教育强国，办人民满意的教育，还是转变育人方式，提高教育教学质量，都迫切需要教育科研更好地探索规律、破解难题、引领创新。成果库中的成果，对中小学的教学改革有指导意义，对教学具有学习借鉴的价值。成果应用于教学即学习应用成果中的新思想、新方法，有利于改进教学和提升教育教学效益。

第三节　成果库应用原则

教育科研课题成果的应用是一项成果创新和优化的活动，是探索和改造的过程。建设中小学教育科研课题成果库，是为了打造一个开放、便捷、实用的科研平台，让科研成果为广大教育工作者所接受，被广大教育工作者所消化、吸收和改造，进而转化为教育生产力和教育效益。建设中小学教育科研课题成果库，不仅是推广展示各类优秀研究成果，更重要的是搭建一个教育理论与实践互通的桥梁，提供一个课题研究者对话的窗口，让研究成果发挥最大价值，呈现出生机勃勃的样态。因此，成果库不是一个静态的成果资源集，而是一个动态的研究能量站。成果库的应用遵循成果引导、成果再造、反馈共享和实践验证四个原则，以便成为课题管理人员和行政管理人员的"智库"，成为中小学教育科研人员和教师专业发展的"活水源"。

一、成果引导原则

中小学教育科研成果库内容丰富，包括数据类资源、思想类资源、方法类资源；中小学教育科研成果库可情境还原，通过研究人员复述课题研究的全过程，形成文字、图片、视频等丰富材料收纳入库；中小学教育科研成果库功能完善，具备思想的丰富性、资源的系统性、操作的明晰性、数据的集成性和改革的可借鉴性。这样的成果库有助于在教育理论与实践之间架起桥梁，对各级各类科研人员提供专业指导、成果引导和具体的方法参考。通过对高质量的成果进行线上、线下的推广，从而对各中小学的研究成果进行成果引导。具体来说包括对课题管理人员和行政管理人员提供管理引导、平台引导，对成果生产人员提供跟进引导，对成果应用人员提供培训引导和链接引导。

（一）管理引导

中小学教育科研课题成果的未来趋势是成果提炼越来越专业化，成果推广应用越来越常态化，成果推广方式越来越网络化，成果推广人群越来越多元化。

想要做好中小学教育科研成果库的应用，应对成果管理人员、行政管理人员提供管理引导：引导科研管理部门创新和发展中小学教育科研管理和服务的模式，扩大有效和高质量的成果供给；引导科研管理部门创新科研成果宣传、推广、应用等方面的形式，优化科研成果评价标准和培训体系；引导科研管理部门探索纸质媒介、信息技术平台和现场活动等多方式，建立推广、应用、反馈、创新展示活动的路径；引导科研管理部门优化区域内的教育资源配置，在不同群体之间建立便捷的互馈机制，实现教育科研课题成果及时转化。

（二）平台引导

传统教育科研机构在资源共享、交流互动等方面存在不足，已难以适应时代发展的要求，教育科研网络化是必然趋势。中小学教育科研成果库积极搭建成果生产者、成果应用者、成果管理者共同参与平台，使成果"源于实践，回归实践"。中小学教育科研成果库的应用，应对课题管理人员、行政管理人员提供平台引导：以"互联网＋"技术、大数据技术为支撑，积极为各中小学课题研究人员提供深化研究的各类平台，如建立资源共享平台、交流反馈平台、联动研究平台等，从而让课题研究更加立体和深入，让科研成果更加丰富优质，促进优秀成果在更大范围内共享共用。

（三）跟进引导

课题结题后，对科研成果的转化和应用并没有终止，对科研成果的梳理、转化以及推广、应用需要不断跟进和优化。对于成果生产者，我们要知道科研成果跟进的方向和具体意见，才能进一步优化研究成果。中小学科研成果库中的成果，通过该成果研究相关领域专家对已获奖成果再鉴定、成果应用人员的再反馈，可以跟进挖掘成果价值、深化课题研究，优化科研成果，进一步转变为教育科学行为，发挥成果的实践价值。

（四）培训引导

中小学教育科研成果是经过长期探索、不断反思、反复总结的研究结果，是经过专家组专业鉴定、推广应用的教育教学方案。中小学教育科研成果既有理性认识，又有操作性的策略，其对成果应用人员可提供培训引导：为其提供清晰的研究思路和标准的研究范式，丰富的成果类型和生动的成果案例，相关研究的参考素材和研究样态，助力于各学校课题管理人员开展有针对性的科研培训、课题研究人员开展具体的研究培训，致力于各学校教育教学研究更加深入、有效的开展，各类研究成果更加丰富、多元的提炼梳理。

（五）链接引导

中小学教育科研课题成果凝聚着广大中小学教育科研工作者的心血和智慧，是服务教育决策、改进和优化教育实践、丰富和发展教育理论的重要依据。中小学教育科研成果库有着丰富且优质的研究成果，它是研究工作者了解同类相近研究进展和结论的重要资源。对于成果应用人员来说，每一个资源就是一个链接。成果库为成果应用人员提供所需的资源链接，同时引导其链接已有经验和基础，深化自身研究，更加深入地开展教育科研活动。研究方法的选取，研究文献的获取和分析，已有理论对现有研究的介入方式和程度，从理论研究到理论或实践问题的解决方法，以及对研究结论的判断和梳理、用什么方式文字呈现等，这些都可以为成果应用者提供相应的知识链接、理论链接、方法链接和策略链接。

二、成果再造原则

成果库不仅是成果的存储平台，也是研究的资源集成地，还是资料的运用体系。成果库不仅具有储存、提取的功能，还具有重组、生成的功能。成果库中的成果是为了被利用、被改造而存在的，成果库理应是活的、动态的。教育科研成果的推广和应用是再次创造的过程，本就是充满智慧和艰辛的。

众多原有成果存放在成果库中，通过成果应用者对成果进行辨别、筛选和再创造，从而让成果从静止状态转变为流动状态，从原有成果转变为再生成果。

只有不断地再利用和再创造，科研成果才不再是束之高阁的"资料"，不再是静止不动的"产品"，而是会变成鲜活的观念、流动的思想，变成可借鉴的方法和实践的指南。科研成果也因他人的吸收利用而重放光彩，因他人的重组再造而焕发新的生命力。

科研成果的再造离不开成果应用。成果应用可分为三个层次：第一种是直接性应用，即直接按照原研究成果的操作程序和内容进行应用。这种应用要求原研究成果有很强的可操作性，并且研究对象刚好匹配和对应。第二种是迁移性应用，即引进原有成果中揭示科学规律的原则、方法或是理论框架和研究思路，然后根据各个学科以及研究对象的特征，加工和改造后再进行应用。这种应用不需要遵循原有成果的操作程序。第三种是发展性应用，即在原有成果基础上进行深化研究和成果延伸，进一步发展和再造成果。①

应用中小学教育科研成果的核心在于，智慧借鉴已有研究成果的内容和方法，充分学习原有成果的内容、方法，学习原有成果的理论框架、研究思路，再根据本校学生的心理特征和教学情境，确定具体操作过程，巩固并发展原有成果的价值和效益。

中小学教育科研成果是在实践中产生的，它离不开特定的环境和时空，因此成果都具有一定的地域性和时效性。同时，由于每个学校的校园文化、教育环境都是独有而不可移植的，每个学校的教师、学生也是独特和不可复制的，因此，中小学教育科研成果直接性应用的情况较少，更多的是迁移性应用和发展性应用，即必须进行成果再造。成果再造包括两种维度：第一种是课题研究人员对自身研究成果的再造，如根据成果鉴定中专家的点评和成果使用人员反馈的意见，进一步优化和改造研究成果。第二种是课题应用人员对成果库中他人课题成果的再造。成果再造是建立中小学教育科研成果库

---

① 张社，陈洁. 对地区教育科研成果推广工作的认识和实践［J］. 上海教育科研，1990（6）：51.

的重要目的所在，是我们的价值追求之一。成果再造，追求的即是在更广阔的背景中和更多元的视域里，通过新的实践、运用和优化，完善原有成果的科学性、普适性和成熟度。

三、反馈共享原则

成果库的建设重视共生共建设、共享共发展，重视使用者在使用过程中对成果库的反馈点评，所以设立了用户反馈机制。反馈共享将中小学教育科研课题库建设与应用紧密地结合起来，成为促进中小学教育科研课题成果库不断更新迭代的重要动力。

当前中小学教育科研成果推广，校与校之间存在"孤岛"问题：很多学校做着重复性研究，校与校相互不能进行有效的援助；学校不能很好地利用其他学校的科研成果；学校对自身成果保密，不愿意共享出来。中小学教育科研领域内存在"孤立""粗浅""静止"的思维方式，导致中小学教育科研成果推广缺乏关联性。[①] 因此成果库拟采取"共建共享"和"跟踪反馈"方式，重视使用者对成果库的反馈点评，注重对成果使用情况进行追踪和调查。成果转化应用过程中，实现成果生产者与成果应用者之间的直接对话，为双方提供观念和行动的验证机会。用户反馈为优化提供建议，助力成果库平台及其运行机制的不断充实和完善，助力研究成果不断丰富和优化。

成果提供方和使用方的环境和对象不尽相同，成果使用方在运用成果的过程中会遇到各种各样的困惑、问题，甚至困难，成果提供方应积极帮助使用方进行调整。在运用成果的过程中，成果库管理者会定期组织科研成果应用情况研讨会。组织成果提供方和成果使用方，围绕成果的优化和深化，双方思维碰撞，头脑风暴，总结经验，互学互助。成果提供方给使用方提供成果应用指导和说明，共享其成果研发背后的经验、思路和好的做法；成果使用方向提供方反馈成果应用中存在的问题和困惑，提出成果

---

① 贺慧. 设计、转化与生成：教育科研成果推广的区域策略 [J]. 教育科学论坛，2015 (13)：31.

完善优化的建议。① 通过双方的互动和对话,让教育科研成果不再"静止",不再是"展品"或是资料中的文字,而变成了教师们经验的相互流动和思维的深度碰撞,从而让教育科研成果在不断的反思中进一步得以丰富和发展。

四、实践验证原则

实践性是教育科研的基本属性,特别是中小学教育科研的最基本属性。成果的转化、推广应用,既是科学研究的必要检验环节,也是科学研究产生实践价值的社会公义。建用结合,通过"用"来丰富和发展"成果库",打造一个开放、便捷、实用的平台。延伸教育科研的价值取向,在成果转化和应用中检验、升华原有成果,启发创新行动。

实践是检验教育科研成果的重要标准,也是唯一标准。只有经得起实践检验的成果才是成熟的成果,只有为实践所证实的成果才是真正有价值的成果。成熟的、真正有价值的成果,才值得进一步推广和应用。中小学教育科研课题成果库中各类成果在实践中运用和推广,得到进一步检验、丰富和发展,价值才能不断提升。教育科研成果在实践中不断深化,成为促进教育改革与发展的动力。成果库促进教育科研与教学实践的深度互动,提高学校的教育教学水平,最大限度地发挥教育科研成果的孵化作用与辐射效益,提升教育质量。②

教育科研成果只有生长在教育实践中才能具有旺盛的生命力。实践证明,那些已经转化成教育生产力的重大科研成果,贡献巨大的原因是在于有较高的信度和效度。反之,那些推广难、应用难的科研成果,则经不起实践的检验,缺乏信度和效度。缺乏信度、效度的成果,要么是研究成果难以被证明,要么是使用相同的研究方法却得不到相同的研究结果,这样的研究成果能够被精确解释的范围不大甚至不能被科学解释,研究成果可以被推广应用的条

---

① 杨文斌. 区域教育科研成果推广项目"燎原计划"的设计与行动 [J]. 上海教育科研,2017 (9): 85.

② 董长茂. 教育科研成果岂能束之高阁 [J]. 教书育人·校长参考,2013 (11).

件不足甚至不能被复制。因此，我们应该对中小学教育科研成果进行细致缜密的分析和应用追踪调查，把成果投放到真实的教育实践中进行检验，去除一些"想当然"的成分，去伪存真、去粗存精，提炼精华，增加科研成果的信度和效度。①

　　中小学教育科研课题成果库的应用，是为了将成果进一步进行实践和验证。在成果运用和实践的过程中，教师会选择性地学习和吸收他人的思想，从而提炼新的教学方法，拓宽自我的思维空间，提升自我的认识水平。教育科研成果大致可以分为两类，一类是概念形态，另一类是应用形态。不同类型的成果，有着不同的价值，应该发挥不同的功能。概念形态的成果是提出新的教育观点，具有引领教育思想作用，应用形态的成果则是可以作为实践的指南。中小学教育科研成果一般是应用形态的较多，这一类的成果具有对教育实践直接指导或投入使用的功能，这类成果一般都具有比较明确的操作规定或具体的使用要求。因此，这类成果所产生的效益一般是以实践效果来衡量。②

第四节　中小学教育科研课题成果库应用程序

　　成果库应用程序需要符合成果库建构和运用的内在逻辑。科研课题成果库以系统化、条理化的编程方式对成果库资源进行分类储存。每个进入成果库的成果都要按照计算机的语言进行逻辑编组，这种编组实现了多路径提取、个性化重组、可视化检验、功能性调整和资源化共享。明确成果库资源编组的类型、排列和规律，知晓达到不同需求的应用程序，是实现成果库应用的关键。进入中小学教育科研课题成果库应用程序后，根据不同应用者的身份和需求，会有不同的应用方式。检索解读、方案重构、实践检验、调整优化、

---

　　① 易海华. 教育科研成果推广应用的误区及对策思考［J］. 中国教育学刊，2007（4）：19.
　　② 张俭福. 教育科研成果的形态、功能及其转化［J］. 福州师专学报（社会科学），1996（9）：18.

共建共享等是常见的使用方式。

一、检索解读

成果库内部的结构包括线性编程和矩阵编程两类，这是成果库平台本身的建设和使用逻辑。成果库的检索语言包括音频检索、视频检索、文字检索、照片检索和综合检索五种类型，这是成果库内容的使用逻辑。

（一）成果库索引的结构

1. 线性纵向索引

（1）成果产生的过程编程

"过程编程"是成果库平台首页"课题成果"呈现的主要逻辑。成果产生是一个过程，这个过程有一定的先后逻辑，这与撰写文章的逻辑是不同的，文章可以先讲效果，再讲措施，最后再来点注意事项；或者先摆出观点，再引用他者的论述，或者摆出现象和事实进行充分的分析推理，最后得出结论。而成果产生的过程并不是一蹴而就，成果的研究报告已经对研究的事实和过程进行了选择性压缩，略去了很多总结和课题研究者困惑的问题，直接呈现解决问题的措施、具体的有效性事实以及最后反映改革效果的丰富的显性化事实案例和对比数据。其实，课题组是如何把过程中的不必要的枝叶剪去的，又是如何在繁杂的资料和数据中找到了最为有效的路径、策略和方法，其间经历了怎样的阵痛与纠结，这才是对研究者最有启发的东西，但在呈交的科研成果中完全没有这些东西，以至于我们普遍认为这是某个人的笔底生花，这就是对科研的误读和曲解。成果生产者为了不浪费阅读者的时间，都会把研究成果的最精要部分推荐给读者，但研究最开始的真实情况如何？集体智慧怎样凝聚？研究讨论怎样破敌？专家分析如何抽丝剥茧？成果报告怎样去粗取精？这是可以从成果产生的过程中去探究和发现的。为了让教育科研工作管理者、研究者、学习者全面把握科研课题的产生过程，我们将成果按照产生的过程进行录入，这个录入是由成果生产者自己上传信息完成。我们把需要采集的成果产生过程中关键节点资料的清单设置成按钮，然后由成果生产者通过点击上传对应的资料，这样就形成了线性的内部结构（如图5-1所示）。

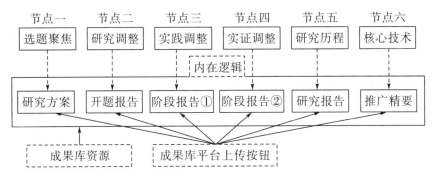

图5-1 成果产生过程中的线性内部结构

在成果库平台上，应用者通过成果搜索框检索，能找到其需要的课题成果。点击进入的是成果的线性排列页面，即成果从头到尾的文字、中间夹图片，为混合页面。页面中有查阅方式选择按钮，提供三种查阅模式：板块查阅模式，问题查阅模式，新词查阅模式。

一是板块查阅模式。点击这个按钮，文档分成研究节点目录模式。点击需要的节点，就能看到相应部分的文字和图片了。

二是问题查阅模式。点击这个按钮，进入课题研究解决的几个问题。点击需要查看的问题，进入核心问题的聚合排列，包括问题缘起、研究综述、解决过程、调整变化、解决成效。

三是新词查阅模式。点击这个按钮，出现研究成果中所有的新概念。概念按照出现的频次，按先后次序排列。下端有两个按钮，一是"星图"，点击即生成星点图，星点大小即是频次的直观反映。二是"结构"，点击即生成概念之间的连接线，显示概念之间的疏密和连接关系。

（2）教学资源的分类分时编程

"教案资源"在成果库平台的首页"课题成果""教学资源""政策文件"中可以迅速查到，是第二板块。成果如果要投入实践运用，必须转化为可以使用的教学资源。这些教学资源最主要的是教案、课件、音频、视频、微课等。成果库平台将所有的成果资源进行重新分类，并按照科目和时间建成"单元成果库"，这个库是通过一定的计算机语言组织起来的逻辑单元，以解决具体的实践操作问题，给应用者下设一个专门解决学科或教学进程设计的成果库。

分类编程。整个成果库对全部成果进行学科分类和领域分类，虽然内容有些交叉，但可以采用核心词进行分类。第一步学段分类，分为学前专区、小学专区、中学专区等。第二步学科分类，依据目前中小学的学科教学划分。中学分为语、数、外、政、史、地、理、化、生、音、体、美、劳、信、通等学科；小学分为语、数、英、政、科、音、体、美、劳、信等学科；应用者在点开"教学资源"按钮后，即跳出学段选择"学前""小学""中学"，点击相关学段即进入浏览。

分时编程。这个分时不是指时间编程，而是指教材的课时内容编程。小学一共12个学期，每个学期的学科教材是固定的，进行教学的时间是固定的，教学资源也是按此归类从先到后编程。应用者在点击相关学科后，进入学科的资源库页面，选择相应学期教材，进入教材目录，点击教材目录进入资源查阅，这些资源来自不同的成果，会有不同的研究者、不同的载体、不同的风格和不同的价值取向，为应用者提供每一章每一节教学的丰富理论和实践支持。

课时内容的编程，不同于"人民教育出版社""学科网"等专业教学网站的内容编程方式，而是以科研的语言进行编程，每一节课依据研究的实证结果进行编排，每一个具体的资源都应该分常见问题、解决方案、作业资源、测评方案四个方面。"常见问题"是学习该章节的学生出现频率较多的问题；"解决方案"即用于解决学生问题的教案和课件；"作业资源"可以巩固学生学习效果和探索新问题的个性化作业设计；"测评方案"是课堂测试和课后测试的选择性资源。

（3）政策文件的分类分时编程

"政策文件"是第三板块，在成果库平台的首页"课题成果""教学资源""政策文件"中可以迅速查到。政策文件研究是教育科研的重要领域之一，政策文件为开展教育科研的思想和政治提供依据，也是获得各级政府和管理部门支持的重要保障。在成果库中及时上传国家政策，非常重要和必要。政策文件的编入也是分类分时的，可以提供多种检索和查阅逻辑。

政策分类。一是提供部门分类，分为国家级、地方级。中共中央、国务院、教育部文件属于国家级文件，省政府、省教育厅文件属于地方级文件。二是学段分类，分学前、小学、中学、职业教育、特殊教育等。三是主题分类，分为人事类、改革类、管理类等。

政策编程。按照政策出台的时间节点进行排列，所有政策资源都是按照时间先后顺序编入成果库的。点击"一年"，平台就呈现当年 1 月 1 日以来的政策资源。点击"三年"，平台就会推出此前三年的政策资源。点击"五年"，平台就会呈现此前五年的政策资源。点击"不限"就会呈现所有符合查阅条件的政策资源。

2. 矩阵横向索引

（1）教学成果矩阵排列

线性编程是单一成果的收入方式，不利于成果的个性化投送，还不能满足智能化的需求。采用矩阵编程，在各个成果之间建立横向逻辑，就能将成果库内容按照不同的坐标和路径联系起来，通过计算机特殊的编程语言，进行各种组合（见图 5—2）。

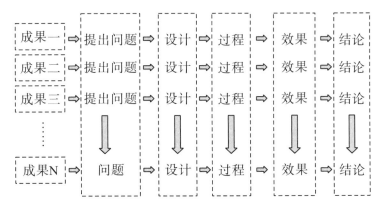

图 5—2　教学成果矩阵排列

其检索的逻辑关系就是，应用者选择一个感兴趣的问题（或者拟解决的问题），成果库就能提供类似的一组相关成果对这个问题的描述。也能看到这个问题发生在不同成果持有者所研样本的特点，比如有的是城市学校、有的是区域实施、有的是乡村小学，虽然是同一个问题，但因为背景不同，问题的特点和内涵也会有很大的不同。应用者可以从这些表述中找到适合自己的问题，更能找到与自己相似的样本，选择适合的设计，适合实施的实践样本，对成果的实效性进行验证，对其结论进行再思考和再创新。课题研究者可以从这些问题的提出中、研究的设计中、过程的实践中、效果的相关变化中，看到现有成果结论是否科学合理，哪些是精练独到，哪些是言不及事，哪些是实施不力。课题管理者可以从这些课题的横向比较中，找到突出的科研问题和最佳的管理方案和指导要领。

（2）教学方案矩阵排列

与教学成果的矩阵排列相似，教学方案的矩阵排列为教学实施提供了更多可参考的方案。例如：《高中语文（必修一）·荆轲刺秦王》一课的教学设计有 10 个，通过矩阵横向排列，从三维目标、教学重难点、教学过程、课堂观察、效果评估、反思感悟等六个方面，为研究者、应用者、实践者、管理者提供了参考的样本，对比分析他们的教学观点和理论依据，就能找到一些规律性的认识和课例研究的实操策略。

设计一：三维目标、教学重难点、教学过程、课堂观察、效果评估、反思感悟（略）

设计二：三维目标、教学重难点、教学过程、课堂观察、效果评估、反思感悟（略）

设计三：三维目标、教学重难点、教学过程、课堂观察、效果评估、反思感悟（略）

……

设计十：三维目标、教学重难点、教学过程、课堂观察、效果评估、反思感悟（略）

这 10 个课文教学方案，分别来自"成就教学""DJP 教学""三性教学""生本教学""深度教学""高效教学""快乐学堂""三课四学""三环五步教学""四三二教学"，通过比较，其不同的认识、不同的内涵、不同的行动方式就能明晰地呈现出来。

"教学方案"板块中会给教师提供一块存放教学素材的空间，用于教师共享共建，计算机的存储逻辑仍然按照分学段、分学科、分单元、分课时编排。

（3）市（州）成果的编程

市（州）成果通过上传端口自然进行归类。平台给市（州）提供所属各县（区）的成果的管理权限，提供查看全省各市（州）成果数量统计和分类横向比较的权限。

（二）成果库的检索语言

成果库检索语言是基于成果库平台储存成果的形态而采用的相关表达方式，根据纵式、横式成果的储存特点，以文字、图示、音频、视频为基本表达单位，根据个性化需求完成检索、排序、推送等基本动作。检索最小语言单位是词语和可识别的图像片段、声音片段和视频片段。

图示和照片检索是开展研究必要的技术。通过二维码扫描可以检索到成果库的相关文字内容，通过可辨别意义的图示扫描也可以搜索到相关的成果文字内容。成果库平台可以辨别的图示信息包括流程图、结构图、思维导图等。这是因为在输入成果时，在录入页面中有上传按键，支持"上传文档""上传图示、照片""上传音频""上传视频"等选项，成果持有人上传的图示与文字材料进行了纵向绑定，又能与其他成果的"图示"一道进入"流程图（模式图）""结构图""其他图示"横向的编程，进入了可搜索状态。

图示、照片检索的方式有两种：一种是打开成果库手机 APP，利用"扫一扫"功能扫描图示，即能找到需要的成果内容。一种是电脑图示检索，两步即可完成：第一步，将图示拍照上传电脑；第二步，将图示上传到成果库检索地址栏，点击图示检索，即可找到需要的成果（见图5—3）。

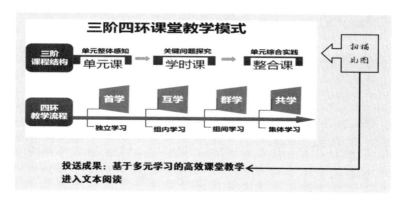

图 5-3　扫描检索成果

此外，全库找图示。在成果库中检索成果图示，则以文字输入方式完成。在查找地址栏输入需要寻找的图示，如"流程图"，然后点击"查找"按钮即可瞬间找到全库的所有"流程图"。如果再加上限制条件，比如"德育活动流程图"，即刻就出现了全库所有的德育活动流程图。特别要说明的是，照片在成果库中不能作为成果内容说明的不予采纳，包括活动图片、会议图片等。

音频、视频与图示检索的流程是一样的，手机端使用者可以直接用语音功能查找相关成果文字内容，也可以用视频文件查找相关成果文字内容。在成果库中查找音频、视频文件只需要提供相关的文字信息即可，如查找"荷塘月色"的教学视频，成果库中的相关成果视频即能检索出来。

同时，成果库平台提供模糊查找，例如输入几个碎片信息，成果库平台就能查找到相关的成果，供检索者鉴别。

二、方案重构

智能化是成果库建设的追求目标。"方案重构"是成果库智能化的一个重要功能。这是基于前面的成果索引功能，通过人工智能生成的实用性功能，它可以实现初步的政策咨询、推送改革方案、设计教学方案等专项服务。在成果库页面有"方案重构"板块，点击进入使用页面。下面分为政策研究、改革设计、教学设计、业务进修四个板块。

（一）以政策研究方式重构

1. 围绕关键词进行信息重构

应用程序：

第一步，点击"方案重构"进入下一级页面。

第二步，点击"政策研究"进入下一级页面。

第三步，在重构栏输入关键词，点击"重构"按钮，随即智能生成相关政策的综合文本。

例如：通过"创客教育""文件"，就能迅速生成关于这个问题的相关政策文件。

这种重构可以解决主管部门、课题研究者的三个问题，一是是否有政策依据，是否符合国家改革要求和改革方向。二是可以抓取多个文件中的关键词，并能进行高频词统计，说明国家对此类问题的重视情况。三是如果正在制定某类政策，还能用来评估合法性和风险度。

2. 提出一定条件进行政策设计

应用程序：

第一、二步同上。第三步，在重构栏内输入所需要的重构条件，如"五育并举""学校""实施方案"三个词，形成一定条件，点击"重构"，即可生成一个"学校五育并举的实施方案"，通过人工智能提取国家、省级政策文件的相关内容，形成框架，并搜索罗列成果库中已有的具体做法。生成的文本内容很多，应用者可以根据情况删减到自己需要的样子，形成一个初步的方案。

（二）以问题解决方式重构

1. 聚类法

围绕教育教学的某类问题检索成果库已有方法进行适合条件的重构就是"聚类法"。聚类法就是聚同类找方法的意思，它不考虑成果应用者的定制条件。

第一步，点击"方案重构"进入下一级页面。

第二步，点击"改革设计"进入下一级页面。

第三步，在重构栏输入教育教学中的某个具体问题，点击"重构"按钮，平台将自动生成解决该问题的方案。

2. 定制法

根据应用者解决问题的个别化需求重构改革方案，就是"定制法"。定制的程序也分三步，操作与上面相同，只是在第三步输入问题后，还要输入反映自己需求的短语或句子，如"高一学生精神断乳""教导方法"。

（三）以教学实践方式重构

1. 教材解读

"教材解读"不是成果库平台中的某些成果直接对教材进行解读，应用能解决的是教材解读的路径和方法，通过提供大量"教材解读"的案例，给成果库应用者提供实践的参考和努力的方向。可以根据应用者的需要推送案例，比较理念和做法，提供研究者的解读经验。操作方法同上面的"定制法"。

2. 教学方案

成果库平台可根据成果库应用者教学的需要整合成果库相关教学设计重构新的教学方案。按照上面的聚类法操作即可。

3. 教学成果

成果库平台可以满足应用者根据教材单元分课时教学的需要个性化使用资源的要求。按照聚类法操作即可，只要是成果库中已有资源均可自动重构。

4. 测评工具

应用者需要进行测评，只需输入章节和关键的测评要求，即可获得成果库中储存的测评工具。

（四）以知识梳理方式重构

成果库可以把已有成果中的科研知识、学科知识、管理知识投送给应用者。这些知识的呈现形态主要是经验性认识、成果的主张和做法。操作程序与前几种的步骤完全一样。

三、实践检验

实践检验是对成果库中成果质量评价的有效方法。成果库通过浏览数量、浏览人员的分布情况、浏览人员留言内容进行综合判断，因为受大家欢迎的成果，很可能就是好成果。虽然数据还不能完全说明成果好坏，再结合分布情况、留言内容和网络调研，就能置顶推荐优秀的教学成果。

（一）成果库地域使用情况检验

成果库管理者可以通过后台管理看到成果库使用的全面情况，包括成果点击的总次数，各区域使用的情况，哪些区域教师浏览人数多，集中在哪些学段，哪些成果关注度高，哪些成果更新快，哪些成果点赞多，等等。各区域的管理者可以看到所有成果的数量、浏览量和反馈效果，也能看到本区域应用者浏览使用的情况，包括学段、学科分布。该数据可以作为了解区域发展水平和科研参与热情的晴雨表。也能发现应用者关注的热点，便于管理者有针对性地加强科研工作的引导和培训。

（二）成果库资源使用情况统计检验

成果的使用情况在成果库平台实施了即时数据统计，分为日浏览量统计、周浏览量统计、月浏览量统计、年浏览量统计、总浏览量统计，打开成果库，点开相关成果就能看到右侧的统计排行榜，只显示了日、周、月、年、总排行榜的前十位，本成果的排位需要点开排行榜来查看。在日、周、月、年、总排行榜里面，点击该成果"浏览分布"，就能看到各区域的浏览数和浏览者的点赞和留言。

四、调整优化

成果库程序和内容的调整优化，主要由两批人来完成：一是成果研究者的修改完善，二是平台管理人员的整体优化。

（一）课题组自主调整

成果研究者应该经常关注成果使用反馈的情况，与应用者交流，对成果的内容做出补充，丰富成果推广；删减冗杂的内容，特别是与成果形成无关的资料；根据实际更换优化之后的材料和资源。

使用程序：向管理员申请权限→进入成果内容编辑→进行删减、修改、补充资源。

（二）管理员整体调整

根据成果数量和上传资源数量的变化，及时调整数据空间的比例和大小。对实践效果特别好的成果进行置顶投送。根据管理政策的变化、任务需要和活动开展进行页面美化、显示调整和海报发布。根据功能变化增加新的图标，根据页码布局进行字体优化，发布滚动文字和图片，提示应用者完成任务等。同时，管理者还要建立成果库与门户网、同类网、教育部官网、省教育厅官网教育内容的友情链接，扩大成果库的使用效能。

五、共建共享

坚持共享发展理念，以成果库共建共享为活动载体团结激发科研工作者、一线教师、教育管理工作者为教育的科学发展贡献智慧。成果库的共建共享按照一定的程序进行。

（一）教育工作者积极参与共建

共建的第一步就是及时留言反馈。一是在成果库平台留言，提出对成果库功能开发的建议。二是在阅读成果后及时跟帖点赞或批评，做出评价。三是选择自己需要的成果投放到实践中，及时反馈使用效果。四是对成果中存在的虚假、抄袭等问题进行投诉。

（二）成果研究者合理开放权限

鼓励成果研究者建立学术交流共同体，彼此开发成果使用权限。鼓励成果研究者打造培训课程，可尝试付费开放。支持成果研究者在有限范围内推送成果的主要观点和改革技术。成果库平台支持跨区域开展同类项目共建共研机制，互换情报。支持建立不同类型的研究共同体、资源共同体、提高共同体、学校共同体等组织，最大可能地发挥成果库平台的社会效益。

普及科研知识。成果库平台要及时交流和推送课题研究者的理论文章，课题管理者的指导文章，推送科研通识性知识，鼓励广大教师开展科研工作。例如建立科研导航台，全面系统地介绍科研知识，并推荐科研的经典案例与做法。如图 5—4 所示。

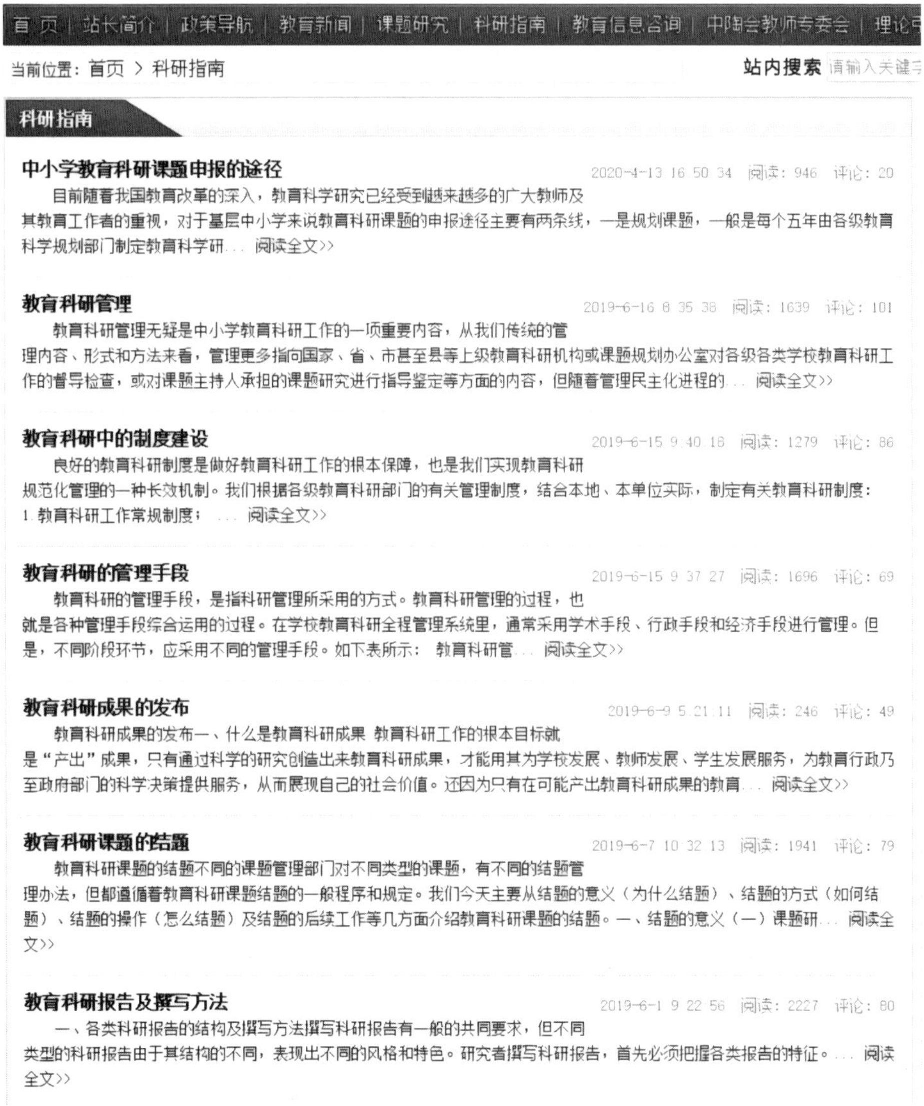
首页 | 站长简介 | 政策导航 | 教育新闻 | 课题研究 | 科研指南 | 教育信息咨询 | 中陶会教师专委会 | 理论寻

当前位置：首页 > 科研指南　　站内搜索 请输入关键字

科研指南

中小学教育科研课题申报的途径　2020-4-13 16:50:34　阅读：946　评论：20
目前随着我国教育改革的深入，教育科学研究已经受到越来越多的广大教师及其教育工作者的重视，对于基层中小学来说教育科研课题的申报途径主要有两条线，一是规划课题，一般是每个五年由各级教育科学规划部门制定教育科学研... 阅读全文>>

教育科研管理　2019-6-16 8:35:38　阅读：1639　评论：101
教育科研管理无疑是中小学教育科研工作的一项重要内容，从我们传统的管理内容、形式和方法来看，管理更多指向国家、省、市甚至县等上级教育科研机构或课题规划办公室对各级各类学校教育科研工作的督导检查，或对课题主持人承担的课题研究进行指导鉴定等方面的内容，但随着管理民主化进程的... 阅读全文>>

教育科研中的制度建设　2019-6-15 9:40:18　阅读：1279　评论：86
良好的教育科研制度是做好教育科研工作的根本保障，也是我们实现教育科研规范化管理的一种长效机制。我们根据各级教育科研部门的有关管理制度，结合本地、本单位实际，制定有关教育科研制度：1.教育科研工作常规制度；... 阅读全文>>

教育科研的管理手段　2019-6-15 9:37:27　阅读：1696　评论：69
教育科研的管理手段，是指科研管理所采用的方式。教育科研管理的过程，也就是各种管理手段综合运用的过程。在学校教育科研全程管理系统里，通常采用学术手段、行政手段和经济手段进行管理。但是，不同阶段环节，应采用不同的管理手段。如下表所示：　教育科研管... 阅读全文>>

教育科研成果的发布　2019-6-9 5:21:11　阅读：246　评论：49
教育科研成果的发布一、什么是教育科研成果 教育科研工作的根本目标就是“产出”成果，只有通过科学的研究创造出来教育科研成果，才能用其为学校发展、教师发展、学生发展服务，为教育行政乃至政府部门的科学决策提供服务，从而展现自己的社会价值。还因为只有在可能产出教育科研成果的教育... 阅读全文>>

教育科研课题的结题　2019-6-7 10:32:13　阅读：1941　评论：79
教育科研课题的结题不同的课题管理部门对不同类型的课题，有不同的结题管理办法，但都遵循着教育科研课题结题的一般程序和规定。我们今天主要从结题的意义（为什么结题）、结题的方式（如何结题）、结题的操作（怎么结题）及结题的后续工作等几方面介绍教育科研课题的结题。一、结题的意义（一）课题研... 阅读全文>>

教育科研报告及撰写方法　2019-6-1 9:22:56　阅读：2227　评论：80
一、各类科研报告的结构及撰写方法撰写科研报告有一般的共同要求，但不同类型的科研报告由于其结构的不同，表现出不同的风格和特色。研究者撰写科研报告，首先必须把握各类报告的特征。... 阅读全文>>

图 5—4　科研导航台

第五节　中小学教育科研课题成果库应用方法

着眼于不同的任务，不同的用户会有不同的应用方法。采取恰当的方法可以提高中小学教育科研课题成果库应用的效率。从中小学教育科研课题成果库的应用来看，检索、引用、验证等是常见的应用方法。

一、主题词与关键词检索法

主题词是指经过主题词表标引，在用户实施标引和检索时，从主题词表中选择的用以表达文献主题的人工语言。

关键词源于英文"keywords"，这里是指出现在文献标题、文摘、正文中，对表征文献主题内容具有实质意义的语词，对揭示和描述文献主题内容具有重要的、关键性作用。关键词搜索是网络搜索索引的主要方法之一。

在成果库中可以通过主题词与关键词检索法查询相关成果，如用主题词与关键词检索出的文献要远远多于单纯用主题词或关键词检索的范围，并能使检索文献的准确率大大提高。

二、成果主题引用法

成果主题标引是指以词或短语作为文献检索标识的一种标引方法。本成果库以主题标引按使用词的规则，采取主题词成果标引法（受控标引）与关键词成果标引法（自由标引）两种类型。

主题词成果标引法以词的概念揭示事物本质属性，以具有独立检索意义的、已规范化的叙词对成果进行主题标引，受控标引和检索需要借助主题词表。主题词表又称叙词表，它是文献标引人员和文献用户将自然语言译成规范化的"系统语言"术语的控制工具。

关键词成果标引法指关键词法，又称抽词标引，是指不借助检索语言词典，直接将文献中关键性的词或短语抽出来，作为检索词的一种标引方法。本成果库系统按照国家标准，在成果内容中选择 3～8 个关键词（或叙词）刊出，并尽量使用《汉语主题词表》等词表提供的规范词。

三、实践验证法

实践验证法是指以实践为标准检验成果方案的可靠性和科学性的检验方法。一般程序是：根据成果库中的成果方案实施或试验所提供的有关真实材料，利用相关的科学理论与方法，验证成果方案的真实可靠程度。即：验证成果方案与教育教学的符合程度，并据实践的发展不断完善成果方案；验证成果实施结果实现成果目标的程度；评估成果方案实施产生的效益与对各方面的影响，总结经验教训等。

第六节　中小学教育科研课题成果库应用维护

应用维护是中小学教育科研课题成果库顺利运行的基本保障，也是中小学教育科研课题成果库建设的重要基础。通过应用维护可以较好地维持中小学教育科研课题成果基本功能，及时了解用户需求，为中小学教育科研课题成果库迭代升级奠定坚实基础。

一、成果库应用维护原则

成果库（平台）的建成，成果积聚、存储不是目的，应用成果创新科研管理和课题研究方式，应用成果创新教育教学方法，将成果转化成教育教学制度及教育教学方案才是成果库建设的终极目的。没有应用转化的成果库，就没有成果库存在（建设）的价值和意义。

成果库应用维护。要遵循互惠、协同、便利、适切等基本原则，满足应用者的使用需求，适应应用者的使用技能、使用习惯，通过良好的、愉悦的"体验感"，使应用者成为忠实用户。

互惠性原则。成果库建设者与应用者之间、管理者之间互利共赢。每个主体既是成果库的建设者、成果内容的提供者、奉献者；同时也是成果库的应用者，拥有对成果库及其成果的使用权利。

协同性原则。基于成果库建设与应用的共同愿景，成果库建设与应用主体，协商制订"规约"，采取一致性行动。

便利性原则。成果库的应用力求简单、便捷、智能化，便于应用者高效、快捷地检索、查看、下载所需材料。

适切性原则。注重用户体验及反馈，随时适应调整应用者的使用技能、使用习惯，以应用者为中心构建成果库的应用方式方法。

二、成果库应用维护内容

（一）成果更新

成果应用是教育科研课题研究、成果价值体现的重要活动和重要环节。教育部原部长陈宝生认为，教育科学研究涵盖理论生产和成果转化应用两个阶段，强调做好四个方面的成果转化：一要转化为教案，应用在教学实践中，拓展学术园地，构建理论大厦。二要转化为决策，将为决策服务作为教育科学研究的重要职能和转化途径。三要转化为制度，让教育科学研究对教育事业发展起到支撑和推动作用。四要转化为舆论，为教育事业的发展营造良好氛围。[①]

成果转化即成果应用，在中小学校体现为教师有目的、有计划、有步骤地对成果的思想内容、教育教学方法等进行推广应用，通过不断改进，转化为教育教学活动和教育教学过程。

成果库的应用维护，首先体现为有丰富的应用价值的成果可用。因此，成果库应用维护的核心在于成果的不断更新与丰富，成果价值提升，满足应用者多元的、更新的、不断发展的需求。

1. 增加数量

成果更新的重要维度是增加成果数量。一定数量的成果，是满足应用者

---

① 陈宝生. 把握时代脉搏和教育规律，促进教育事业科学发展 ［J］. 教育研究，2017（1）.

多元需求的基础和成果适应性的需要。中小学校、教师的科研课题成果，往往基于本地、本校，甚至教师个体的教育教学实践改革，基于有限的实践改革案例的总结提炼，这些成果虽然一定程度上反映了教育教学的基本规律，但成果的推广应用却受到一定的地域条件限制。成果的适应性决定了成果应用和应用维护需要大量的来自不同地区、不同类型学校、教师的科研成果。

满足教育工作创造性的需要。一方面，教育的对象是未定型的、正在发展中的人，不同时代的儿童、学生，有着不同的身心特点和发展需求，"铁打的营盘流水的兵"，一个教师可能一年、两年、三年，最多六年就要面对全新的教育对象。另一方面，教育的情境和条件又总是复杂多变的，不同地区、不同学校、不同时期的教育情境和条件千差万别。对于教师来讲，不存在绝对"相同或不变的教育对象"和"相同或不变的教育条件"，因此任何教育教学规律都需要教师创造性地去运用。只有大量的、来自不同层面的科研成果供教师选择，才能适应不断变化的教育教学规律。

满足教师教学个性的需要。培养适应未来社会需要的具有鲜明个性和创新精神的人才，需要教师具有教学个性。个性孕育了创新，创新体现出个性。一位教育家曾经说过，在教学中，一切都应当以教育者的个性为基础，只有个性才能影响个性的发展与定型，只有性格才能培养性格。教育呼唤个性的张扬，教学呼唤个性化的教师。

教育工作的创造性和教师教学的个性化特点，决定了我们的成果库应用维护首先要增加成果数量，满足教师个性教学需求的应用选择。

2. 丰富类型

在成果的应用中，不同的应用者有不同的应用目的和应用情境。成果库的应用维护，必须在增加成果数量的同时，通过丰富成果类型满足应用者的不同需求。

教育科研成果的类型，依据成果的表现形式分为文字、图表、软件和音像等；依据成果的形态分为著作、论文、报告等。中小学教育科研课题成果，特别是中小学一线教师的科研课题成果，除了著作、论文、报告外，还有教学（活动）方案、教学（课程）资源或教材（教具）、评价工具（学校、教师、学生评价量表）、规章制度等等。为了满足不同教师的成果应用需求，我们从以下几个维度丰富成果类型。

从现有的成果看，形式还较为单一，大多以文字的形式呈现。从应用者角度看，我们的教师更希望、更喜欢直观形象的成果形式。例如，在众多的教育教学研讨、教师培训活动中，我们看到，现场听课、观摩活动、实地考察，老师们最为踊跃，对于听报告（介绍）、阅读文本极不情愿。因此，为了满足应用者使用需求，应增强成果的直观性，增加和丰富图示、表格和影像等成果形式。

图示化。中小学教育科研课题成果，大多是基于教育教学改革实践的"经验"总结，这些成果往往体现为一种实践框架、思维路径、操作方法等，用图示化表达，直观形象，利于教师理解、掌握和应用。如"未来课堂＋直播"模式（图5－5）：

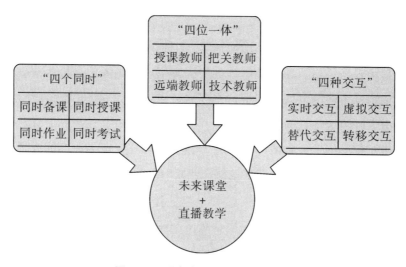

图5－5　"未来课堂＋直播"模式

表格化。在中小学教育科研课题成果中，教师教育和地方课程、校本课程的开发研究成果，对课程（教育）目标、课程内容等，用表格呈现，直观形象。如"新教师培养梯级课程框架"（如表5－1）：

表 5-1 新教师培养梯级课程框架

目标	通识+专业	专业+境界	文化+规范
培训单位（或个人）	教师进修学校	指导教师	学校
重点建设项目	集中培训课程	学科指导课程	学校团队指导课程
评价办法	集中考核	个性化评价	工作绩效评估

（二）完善功能

通过功能拓展建构起更加完善和强大的功能，是成果库应用维护的重要内容。"成果库既是一种平台、资源载体，其本身也是一种资源，具有存储、管理、生成、提取等功能"。存储和管理是成果库的两大基本功能，在此基础上我们着重拓展成果库的学习功能、展示功能、管理功能。

1. 学习功能

从成果库的应用结果（效果）来看，我们认为，应用即学习，应用的过程即学习的过程。完善学习功能，就是要满足应用者多方面的学习需要，满足不同层次应用者的个性化学习需要。

成果库中积聚的成果，一方面体现了教育教学的新思想、新方法，同时，这些成果也能够在一定程度上体现出科研的过程与方法。因此，成果库的学习功能，主要围绕教育教学方法和教育科研方法两个维度来设计和完善学习功能。

从教师的教育教学及其改革实践需求出发，我们的成果库要能够提供不同学段、不同学科（领域）的成果，成果内容上做到学段、学科（领域）全覆盖，成果数量上做到不同学段、不同学科（领域）的均衡或协调。

2. 展示功能

成果库应用中的展示功能，从内容上来说，一是展示课题研究过程，二是展示课题最终成果。

从应用者角度来看，成果库和成果的应用行为的产生，一是应用者从自身的需求或问题出发，为了满足需求或解决问题，搜寻成果库功能或所需的成果；二是发现、认知成果库的功能和成果价值后，产生应用的意愿和行为。

强调、完善成果库应用中的展示功能，就是要通过一定的渠道和方式，让应用者知晓成果库的价值与功能。

3. 管理功能

实现教育科研过程及其成果管理的信息化，是成果库建设与应用的重要目的。教育科研课题研究，从自主选题、立项申报、课题实施到结题鉴定的全过程，是一个信息量巨大的信息系统。科研课题成果，从课题方案、开题报告、中期报告、阶段成果（报告）到总结报告等，是一个数据量巨大的数据系统、资源系统。过去对教育科研课题研究及其成果的管理，主要采用纸质形式，随着时间的推移，教育科研课题和成果日益增多，管理负担不断加重，统计、查询等都需要花费大量的人力物力。

随着信息时代的到来、基础条件的不断完善和信息化水平的不断提高，科研课题研究及其成果信息化是科研管理工作改革与发展的必然趋势。建设区域教育科研课题成果库，就是为了减轻科研课题研究及其成果管理的工作负担，更好地服务于科研工作、服务于教育教学。

成果库结合区域科研管理的实际情况、运用信息系统和信息管理方法，科学、合理地聚集全省多年来的科研课题成果数据，成果库的数据包括获优秀科研（教学）成果奖数据、科研课题结题成果数据、科研课题（项目）基础数据、科研课题进度数据（中期报告）、项目来源数据、用户数据及分类数据等，对以上各种数据进行分析后，划分为获奖科研（教学）成果数据、科研课题结题成果数据和科研项目数据三大类数据信息。获奖科研（教学）成果数据是指获四川省人民政府优秀教学成果奖的成果信息；科研结题课题成果数据主要是指在课题完成成果鉴定，通过专家和鉴定机构认可的成果信息；科研项目数据是指项目从申请到立项、从执行到中期报告、到结题评审整个过程的课题信息，包括立项信息、年度报告、中期报告和结题评审等内容。

三、成果库应用维护机制

中小学教育科研课题成果库应用维护是一个多主体参与、各行其责的过程，须建立以后台管理为重点的成果库应用与维护机制。

一方面，保障权利。成果库中成果提供者既是成果库建设的重要贡献者，也是成果库的重要应用者、消费者。保障成果完成的使用权是成果库持续完善、常建、常用、常新的基础和前提。其中包括：

无偿使用权。使用权分为有偿使用和无偿使用。成果库中，本人（单位）享有对其成果及相应资料的无偿阅读权和下载权。成果库应用者可以通过付费、评价等，有偿使用成果库中他人的成果。

修订权。在深化研究和推广应用中，成果提供者产生了新的认识、新的方法，可以对成果库中本人的成果进行修改、补充、完善。

推广权。成果提供者可以借助成果库，对本人（单位）的成果进行宣传、推广。

另一方面，履行义务。成果提供者、成果应用者，既是成果库的建设者，也是成果库的维护者。在享有成果使用权的同时，也要履行基本义务，共同维护成果库的良好运行和生态发展。比如守法、重德。应用他人（单位）成果时，注明出处与来源。凡涉及成果库中成果的使用、应用、成果转化等，应符合国家有关法律法规的要求。

附件一

中小学教师教育科研成果库调查报告
——以四川省中小学教师教育科研成果库建设为例①

王姗[1]，查雨竹[2]，伍建清[3]，朱殿庆[4]

（作者单位：1. 四川省教育科学研究院；2. 成都信息工程大学；3. 资阳市教育科学研究所；4. 绵阳市教育科学研究所）

摘要：中小学教师教育科研成果是反映教育教学规律，对提高教育教学质量产生了明显改革效益的教学方案或教育改革成果。通过对四川省中小学教师教育科研成果库建设需求调查，发现当前中小学教师教育科研素养普遍不高，现有的研究成果多为教学经验总结，喜爱的成果仅三成为课题研究成果，检索教育科研成果时偏好的成果形态为成果内容，喜欢通过检索关键词和主题来获得自己想要的成果。结合教师对"成果库"的需求和期待，建议建立丰富且有层次性的成果库和成果库管理及运行的长效机制，建构方便快捷的成果检索方式。

关键词：中小学教师；教育科研成果；教育科研成果库建设；调查报告

中图分类号：G510　　文献标识码：A　　文章编号：1673－4289（2022）03－0075－06

《教学成果奖励条例》和《四川省教学成果奖励办法》颁布以来，国家

---

①　王姗，查雨竹，伍建清等. 中小学教师教育科研成果库调查报告——以四川省中小学教师教育科研成果库建设为例 [J]. 教育科学论坛，2022（13）：75.

级、省级教学成果奖评奖活动已开展多届，形成了数量可观、品质优秀的教育科研成果，这些对提高教育教学质量产生了明显改革效益的教学方案或教育改革成果，来自广大教师根植一线、长期坚持不懈的探索实践，反映了教育教学规律，内容丰富，其先进性、创造性和实用性对促进教育改革与发展、提高教育教学质量有着很强的推广价值和指导意义。但是，由于各种原因，它们多数被束之高阁，未能被广大中小学教师知晓，未能被转化、推广、借鉴和学习。

当教师们需要查询、借鉴、运用教育科研成果资料时，常常不能找到，也不知道到哪里去查询教育科研成果。职前中小学教师几乎都没有接受过专门的教育科研方法培训，当教师们面临"教育科研怎么做、成果报告怎么撰写、哪些成果可以借鉴、如何快速查询到我的需求"等问题时，不能找到专门的教育科研成果库帮助自己。

因此，建构一个专门、科学规范的教育科研成果库，满足中小学教师的需求，迫在眉睫。本文针对中小学教师对教育科研成果库的总体认识、需求及功能设计等方面进行调查分析，探究中小学教师教育科研成果库建设的必要性，为后期成果库的建设、管理及运行提供数据和事实依据。

一、调查对象与方法

（一）调查对象

调查对象为随机抽取的四川省中小学教师，共收到 5365 份问卷，剔除漏答、误答、不认真作答的 851 份，有效问卷 4514 份。其中，男性 1515 人（33.6%），女性 2999 人（66.4%）；一线教师 3459 人（76.6%），学校中层626 人（13.9%），校级领导 293 人（6.5%），教育科研机构专业人员 108 人（2.4%），教育行政单位管理人员 28 人（0.6%）；教龄 16 年以上的教师占48.1%；初级教师（41.3%）和中级教师（40.3%）为调查主体。

（二）调查方法

1. 调查工具的编制

调查问卷经过 3 轮测试及修订最终形成。问卷共有 17 题，其中，单选题

10道，多选题7道。内容包括四部分，第一部分为教师的基本信息，包括性别、教龄、职称、职业角色；第二部分为教师教育科研素养现状，包括教师课题数量、课题级别、已有研究成果形式；第三部分为教师检索偏好，包括喜爱的研究成果类型、成果形态，喜欢的检索方式、查询工具等；第四部分为对建设成果库的建议和意见，包括入选成果获益方式、入选成果关注、希望的成果库特点、付费方式选择、检索成果排序期待、成果呈现方式期待等。

    2. **调查方法**

利用问卷星TM在线问卷调查、测评、投票平台，随机抽取四川省中小学教师进行了网络问卷调研；同时通过现场或电话访谈、专题调研等方式开展研究。

（三）数据处理

所有数据均采用SPSS22.0软件进行统计处理。

二、结果及分析

（一）教师的教育科研经历

采用了中小学教师的课题数量、课题级别和现有研究成果三个指标。

1. 六成以上教师无规范立项的科研课题

调查发现，60.2%的中小学教师没有立项的科研课题，且26.2%的人仅有1项课题（见图1）。

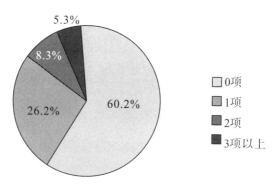

图1　教师承担已立项的科研课题数量

进一步分析发现，有立项科研课题的群体有以下几个特点：

（1）在被调查者中拥有立项课题的男性教师（46.2%）要略多于女性教师（36.5%）；

（2）对于不同教龄的教师，教龄 16 年以上的教师拥有立项课题最多（66.8%），而教龄 1～3 年的教师立项科研课题数最少（3.9%）；

（3）对于不同职务的教师，校级领导（77%）和教育科研机构专业人员（75.9%）拥有立项科研课题的比例最高，换句话说，受调查的校级领导中有77%的人拥有立项课题，受调查的教育科研机构专业人员中有 75.9%的人拥有立项课题；

（4）对于不同职称的教师，副高级以上（69.7%）教师拥有立项课题最多。

由此可见：本省绝大多数的教师没有自己的立项课题，但随着教龄的增加或职称、职务的提升，拥有立项课题的教师比例逐步上升。

2. 课题级别低，校级课题占四成以上

在教师所承担的各级各类课题中，校级课题（44.9%）占了近一半，县（区）级课题（21.7%）、市级课题（22.1%）和省级课题（11.3%）共占一多半。

进一步分析发现：（1）对于不同性别的教师，差异最大的是国家级课题和省级课题，男性教师承担的国家级课题（4.0%）和省级课题（14.4%）的比例要远高于女性教师承担的国家级课题（2.0%）和省级课题（9.7%）的比例，男性教师和女性教师承担的市级课题和县（区）级课题的差异并不明显；

（2）对于不同教龄的教师，承担校级课题的教师随着教龄的增加人数逐步递减（教龄 1～3 年教师占 73.9%、4～10 年教师占 54%、11～15 年教师有 37.1%），而承担县（区）级课题、市级课题、省级课题和国家级课题的教师人数随着教龄的增加而不断上升，例如，承担了市级课题的教龄 1～3 年的教师为 8.6%、4～10 年的教师为 15.2%、11～15 年的教师为 23.4%、16 年以上的教师为 29.2%；

（3）对于不同职务的教师，一线教师（37.3%）、学校中层（23.8%）、校级领导（11.9%）、科研机构专业人员（8.3%）承担校级课题的人数呈递减趋势，科研机构专业人员承担国家级课题的比例最高（13%），学校中层（43.9%）和校级领导（52.5%）则更倾向于承担县（区）级课题和市级课题。

（4）对于不同职称的教师，承担校级课题的初级职称教师（58.9%）、中级职称教师（35.9%）、副高级以上职称教师（16.7%）比例逐渐下降，而承担县（区）级课题、市级课题、省级课题和国家级课题的教师比例随着职称的升高而不断上升，例如，13.9%的初级职称教师、25.9%的中级职称教师、31.9%的副高级以上职称教师承担了市级课题。

由此可见，随着教龄职称的增加或提升，教师更多地承担更高级别的课题，另外，"校级课题"尚不属于严格意义的研究课题，由此可见，刚入职的教师在课题研究方面非常欠缺。

3. 现有的研究成果中，课题研究成果仅占三成

从被调查者现有的研究成果看，可以分为三类，也呈现三个不同的层次。第一类为一般的教学经验总结，严格意义讲，还不能属于研究成果，约占40%；其中，教学设计占21%，优质课占17.7%。第二类为教育案例或论文，主要为教师个人研究成果，约占30%；其中，教育案例占16%，教育论文占13.9%。第三类主要为课题研究成果，约占30%；其中，课题研究报告占12.8%，调研及决策占16.6%。由此可见，目前教师的研究成果，四成为经验总结，三成为个人论文，三成为课题研究。

进一步分析发现：（1）对于不同性别的教师，男性教师（43.8%）比女性教师（32.5%）公开发表论文的比例更高，其他项目差异不显著；

（2）对于不同教龄的教师，发表调研报告、课题研究报告，公开发表论文、专著的教师人数随着教龄的增长而不断升高，例如，教龄1~3年教师（7%）、4~10年教师（24.6%）、11~15年教师（38%）、16年以上教师（50.5%）发表论文；

（3）对于不同职务的教师，在是否形成调研报告、课题研究报告以及公开发表论文、专著上，一线教师、学校中层、校级领导的人数比例逐渐升高，例如，31.5%的一线教师、48.2%的学校中层、58.9%的校级领导发表了论文，而教育科研机构专业人员在以上四项成果的人数比例上与校级领导非常接近。当成果为优质课时，从一线教师（47.2%）、学校中层（47.1%）、校级领导（39.7%）到教育科研机构专业人员（30.6%），发布优质课的比例逐渐减少。

（4）对于不同职称的教师，随着职称的升高，教师成果为调研报告、课题研究报告以及公开发表论文、专著的人数逐渐增多，例如，19.2%的初级教师、42.7%的中级教师、60.6%的副高级以上教师的研究成果为公开发表的论文。而当成果为教学设计时，从初级教师（59.9%）、中级教师（58.7%）到副高级以上教师（45.7%）则逐渐减少。

由此可见，随着教育教学阅历的增加，处于"一般的教学经验"的优质课和教学设计逐渐不再排在专业成长的第一位，多数教师会更深层次地思考教育教学问题，把精力逐渐转移到调研报告、课题研究报告以及公开发表论文、专著上。

（二）教师检索偏好

包括喜爱的研究成果类型、成果形态、喜欢的检索方式、查询工具四个指标。

1. 教师喜欢的教育科研成果类型

从被调查者喜欢的研究成果看，呈现三个不同的层次。第一类为一般的教学经验总结，其中教学设计占13.8%，优质课占20.3%，公开出版的教育专著占3.5%。第二类为教育案例或论文，主要为教师的个人研究成果，其中教育案例占18.3%，公开刊物发表的教育论文占9.8%。第三类主要为课题研究成果，其中课题研究报告占12.9%，调研报告及决策咨询报告占18.7%。由此可见，目前教师喜爱的教育科研成果类型，大约四成为教学经验总结，三成为个人论文，三成为课题研究成果（见图2）。

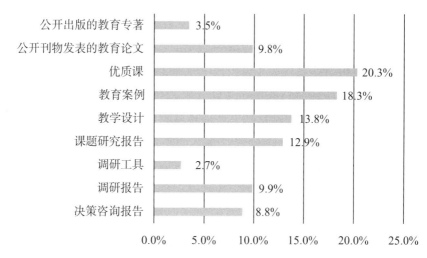

图 2 教师喜爱的教育科研成果类型

进一步分析发现，（1）对于不同性别的教师，男性教师对成果类型的偏好差异不大，其中，最喜爱的成果类型是教育案例（17.4%），其次是课题研究报告（15.6%）和教学设计（15.5%）。女性教师偏爱的成果类型是优质课（48.3%）、教育案例（18.8%）和教学设计（13.4%）。

（2）对于不同教龄的教师，教龄 1～3 年教师（7%）、4～10 年教师（24.6%）、11～15 年教师（38%）最喜爱优质课，而教龄 16 年以上教师对各种类型的成果都有涉及，但更偏爱教育案例（16.8%）和课题研究报告（18.7%）。

（3）对于不同职务的教师，一线教师偏爱的成果类型是优质课（22.9%）和教育案例（18.1%），而其他职业教师都最喜爱课题研究报告。从一线教师（22.9%）、学校中层（14.2%）、校级领导（7%）到教科研专职人员（6%）对优质课的偏爱程度逐渐减少。

（4）对于不同职称的教师，初级（25.6%）和中级（19.5%）教师都最喜爱优质课，而副高级及以上职称教师则更偏爱课题研究报告（20.9%）和教育案例（16.8%）。随着职称的升高，教师对优质课的偏爱逐渐减少。

由此可见，刚入职的教师更偏爱优质课这种成果，而随着阅历的提升，教师会更喜欢课题研究报告这类成果。

2. 教师喜欢检索的教育科研成果形态，六成为成果内容

从教师喜欢检索的教育科研形态来看，可以分为三个部分。第一部分为成果基本信息，约占 10%，包括成果完成时间、成果完成人、课题立项时间/完成时间/立项级别等。第二部分为成果主要内容，约占 60%；其中，成果关键词占 16.5%，主要内容占 24.8%，成果名称占 14.2%。第三部分为成果评价，约占 30%；其中，用户评价占 12.2%，推广应用情况占 13%。由此可见，目前教师喜欢检索的教育科研成果形态，六成为成果主要内容，三成为成果评价，一成为成果基本信息（见图 3）。

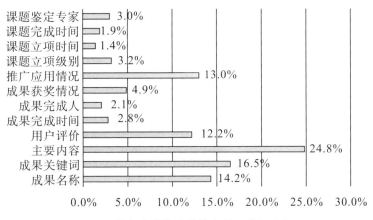

图 3 教师喜欢检索的教育科研成果形态

进一步分析发现：（1）对于不同教龄的教师，随着教龄的增加，教师对成果关键词的关注逐渐减少，1～3 年的教师（57.5%）喜爱成果关键词的比例要显著高于 16 年以上的教师（46.3%）；另外，随着教龄的增加，教师对推广应用情况更加关心。

（2）对于不同职务的教师，一线教师（37.1%）对推广应用情况的关心要显著低于学校中层（50.2%）、校级领导（46.9%）和教育科研专业人员（51.9%）。

（3）对于不同职称的教师，教师的职称越高，其对成果推广应用情况关注度越高。初级教师对推广应用的关注（36.8%）要显著低于副高级及以上（46.4%）教师的关注。

由此可见，所有的教师都喜欢检索成果的主要内容、成果关键词和成果

名称，而越资深的教师对推广应用情况关注越多。

3. 教师最喜爱检索工具是中国知网

从被调查者喜欢的检索工具看，教师非常喜爱用中国知网（79.5%）来检索成果，所占比例远远高于其他检索工具（见图4）。进一步研究发现，不同性别、教龄、职业、职称的教师都最喜爱中国知网。由此可见，中国知网非常符合本省教师的检索需求，分析中国知网的建设架构能给成果库的建设提供参考。

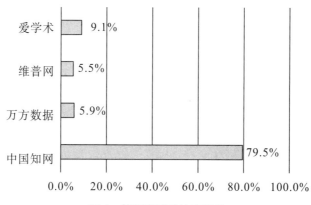

图 4　教师喜爱的检索工具

4. 教师喜欢的检索方式是检索关键词和主题

从被调查者喜欢的检索方式来看，教师在检索时喜欢检索关键词和主题（见图5）。进一步分析发现，不同性别、教龄、职业、职称的教师最喜爱检索关键词，其次是主题。

由此可见，本省教师喜欢检索关键词和主题来获得自己想要的成果。

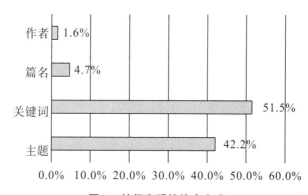

图 5　教师喜爱的检索方式

（三）教师对四川省教育科研成果库的需求和期待

这个维度由两个部分组成，一部分是教师对自己成果入选的期待，包括教师成果获益期待和教师对自己成果入选关注两个方面。另一部分是对成果库的需求和期待，包括期望总体的成果库特点、有偿下载方式、研究成果排序、呈现方式四个方面。

1. 成果作者获益时，期待使用者的单位付费

有偿给予成果时，教师更加偏向使用者的单位付费（66.2%）。进一步分析发现，不同性别、教龄、专业、职称的教师都更偏爱单位付费。

2. 当自己成果入选成果库时，教师最关注用户评价和下载率

教师对用户的评价（30.3%）和下载率（31.7%）的关注最高，其次是引用率（15.6%）和转载率（15%）。进一步分析发现，不同性别、教龄、专业、职称的教师都更偏爱引用率与转载率。

3. 教师最期待学术含量高、成果分类清晰、成果内容丰富的成果库

总的来说，教师对成果库期待主要分为三个需求等级。等级一是期待度极高，约占65%，包括成果学术含量高（22.5%）、成果分类清晰（20.3%）、成果内容丰富（22.2%）；第二个等级是期待度一般，约占20%，包括检索方式多样（10.5%）、界面简洁实用（9.5%），对于这一等级的两个项目，我们将在下面做出更加详细的讨论和分析；第三个等级则是期待度较低，约占15%，包括个性化定制、智慧推送和成果影响度查询（见图6）。

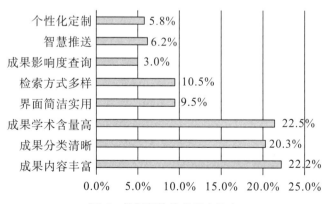

图6 教师期待的成果库特点

由此可见，在成果库的建设中，按照教师三个期待等级进行设计，会使教师更加满意。

4. 四成以上教师希望按下载成果的质量收费

四成以上教师偏爱按下载成果质量收费，其次是按下载成果数量收费。进一步分析发现，不同性别、教龄、专业、职称的教师都最喜爱按下载成果质量收费，其次是按下载成果数量收费。

由此可见，按照下载成果质量收费符合教师期待。

5. 四成以上教师期望成果库按研究成果的相关程度排序

从受调查者期望研究成果排序结果来看，教师期待研究成果按相关程度（41.8%）、完成/发表时间进行排序（28.3%）（见图7）。进一步分析发现，不同性别、教龄、专业、职称的教师都最喜爱按成果相关程度进行排序，其次是按完成/发表时间排序。

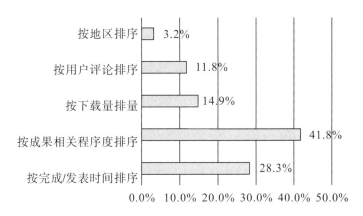

图7 教师期望的研究成果排序

由此可见，按照成果相关程度、完成/发表时间对成果进行排序是最符合教师期待的排序方式。

6. 近五成教师期待研究成果整体呈现

从受调查者期望研究成果呈现方式来看，47.3%教师希望研究成果整体呈现，其次是呈现"成果＋评论"（21.9%）和呈现"成果＋背景"（18.4%）。进一步分析发现，不同性别、教龄、专业、职称的教师都最喜爱研究结果整体呈现。

由此可见，教师喜欢研究成果整体呈现，并按照自己的喜好来对呈现的信息进行选择。

三、结论及建议

（一）教师的教育科研经历较少，教育科研成果库建设势在必行

绝大多数教师没有课题研究经历；近半数教师参与的是校级课题研究；教师现有的研究成果多数是教学经验总结，如教学设计和优质课、教育案例或论文等个人研究成果，课题研究成果只占30％左右。

建议：由四川省教育科学研究院牵头梳理历届四川省优秀教学成果，构建四川省教育科研成果资源平台。

（二）教师期待成果库学术含量高、分类清晰、内容丰富，且能满足个性化需求

教师最期待成果库的成果学术含量高、分类清晰、内容丰富；获取他人成果时，教师希望单位付费；下载成果时教师最期待的付费方式首先是按照成果质量收费，其次是按下载数量收费；自己的成果入选成果库时，教师更关注用户的评价和下载率；教师期待的成果排序方式依次是按照成果相关程度、完成/发表时间排序；教师期待的成果呈现方式是研究结果整体呈现，并按照自己的需求对呈现的信息进行选择。

建议：一是建构丰富性和层次性的成果库内容，以满足不同发展阶段的教师的需求。如建立成果筛选标准、基本方式区别，成果要素应该包括成果名称、完成单位、完成人、成果来源、成果发表时间、成果摘要、成果内容、成果评议；成果范式要便于检索、统计、分析；成果类别要齐全；形成成果入库的审核机制和入库程序，如成果谁来审核、入库的程序流程等。二是建立成果库管理和运行的长效机制，如使用者管理，入库成果评价指标及评价方式，成果库评价，使用者和管理者的互动及反馈机制等。

（三）检索成果时，教师喜欢通过检索关键词和主题，偏好检索"成果内容"

教师喜爱的研究成果类型，四成为经验总结，三成为个人论文，三成为

课题研究成果。刚入职的教师更偏爱优质课这类成果，而随着阅历的提升，教师更喜欢课题研究报告这类成果；教师喜爱检索的成果形态，依次为成果内容、成果评价、成果基本信息；所有教师均喜欢检索成果的主要内容、成果关键词和成果名称，越资深的教师对推广应用情况关注越多；教师最喜爱的检索工具是中国知网；教师最喜欢的检索方式是检索关键词和主题。

　　建议：建构方便快捷的成果检索方式，如通过检索关键词和主题来获取信息，同时设计丰富多样的链接点，以便于用户能根据自己的需求自由选择组合。

附件二

自贡市中小学教育科研成果资源库需求调查报告

熊伟珍[1]　陈洪[2]　蒋先梅[2]　甘奎[3]　杨吉敏[2]

（作者单位：1.自贡市大安区教师进修学校；2.自贡市教育科学研究所；3.自贡市自流井区基础教育中心）

摘要：为向教育科研成果资源库的建立提供有价值的参考意见，开展"自贡市中小学教育科研成果库需求问卷调查"，针对"对象基本情况""课题研究情况""现有成果库看法""成果共享看法""目前成果检索""关注成果情况""成果需求建议"七个方面的现状分析，提出自贡市建设中小学教育科研成果资源库的意见建议。

关键词：教育科研；成果资源库；调查；分析建议

一、调查目的

开展本次调查研究是基于从了解学校领导、教师在教育教学、教育科研中对现有资源库管理、成果下载运用的体验和希望建议入手，发现问题、研究问题，为我市建立针对性强、实效性高、操作便捷、管理科学的中小学教育科研成果资源库提供有参考价值的意见建议，让更多的教师认识教育科研、参与教育科研，让更多优秀成果得到及时应用转化，产生教育教学效益，以便更好推动我市教育教学改革，提升教育教学质量。

二、调查设计与实施

（一）调查对象

为了确保本次调查的代表性、客观性、有效性，调查对象涵盖了五区两县和市直属学校的学前、小学、初中、高中（含中职）四个学段的领导和教师，覆盖面广、涉及教师多。

（二）问卷设计

本次调查的问卷围绕了解中小学教师对教育科研成果资源库需求信息而设置，题型结构由单选题、多选题和问答题组成，题目总数 26 个，其中选择题 22 个，问答题 4 个。调查内容涉及：（1）对象基本情况（1—4 题）、（2）课题研究情况（5—7 题）、（3）现有成果库看法（8—12 题）、（4）成果共享看法（13、14、21 题）、（5）目前成果检索（16、18 题）、（6）关注成果情况（15、17 题）、（7）成果需求建议（19、20、22 题和问答题）七个方面，为本次分析研究收集第一手资料。

（三）调查实施

本次调查采取匿名调查、纸质问卷调研方式进行。2018 年 12 月，自贡市教育科学研究所对本市中小学教育科研成果资源库需求情况进行了调查。

本次调查兼顾城乡学校和学科分布，涉及学前、小学、初中、高中（含中职）四个学段，每个区县每个学段参与调研的教师均在 60 人以上。本次调查共发放问卷 2564 份，回收问卷 2513 份，回收率约为 98％。

三、调查结果与分析

为保证调查过程的真实性、调查对象的代表性、分析研判的客观性、调查结果的有效性、调查结论的可靠性，我们从调查对象的四个学段中随机抽取了 1576 份作为分析样本，其中学前 418 份、小学 379 份、初中 399 份、高中（含中职）380 份。从调查"对象基本情况""课题研究情况""现有成果库看法""成果共享看法""目前成果检索""关注成果情况""成果需求建议"七个方面收集到的样本数据信息作以下分析。

（一）对象基本情况

在抽取的样本容量中，学前约占 27％、小学约占 24％、初中约占 25％、高中约占 24％；在年龄结构方面，中青年教师占 66％；在任教年限方面，

1—3 年占 19%，4—6 年占 29%，11—20 年占 27%，20 年以上占 25%（见图 1）；从职务看，教师占比为 81%；从职称结构来看，初级占 39%，中级占 42%，副高级占 18.8%，正高级占 0.2%（见图 2）。抽取样本中四个板块教师占比基本均衡，调查对象年龄结构和专业技术职称分布比较符合现有教师结构比例，说明本次调查对象具有广泛性、代表性、层次性。因此，以下样本中各统计量的分析性质，能基本反映出本市中小学教育科研现状和成果资源库需求中的相应性质。

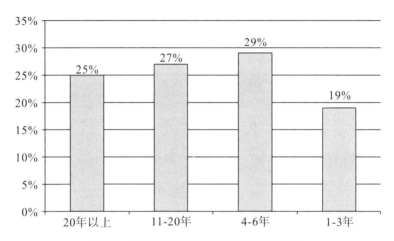

图 1　调查对象任教年限分布条形统计图

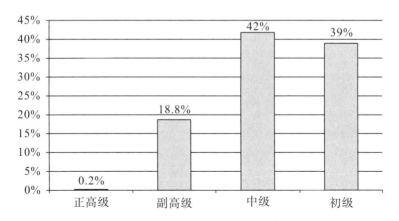

图 2　调查对象职称结构分布条形统计图

（二）课题研究情况

调查结果显示，未参加任何课题研究的教师占 26%，参加过一项课题研究的占 43%，参加过两项课题研究的占 20%，参加过三项以上课题研究的占 11%（见图 3）；参与国家级与省级课题的占 6%。在研究成果形式上（多选题），教学方案、教学设计占 56%，调查报告占 43%，教育教学论文占 39%，研究报告占 36%。从中反映出当前我市教师教育科研参与面不大，持续研究课题人数不多，课题研究层次不高、深度不够，成果主要集中在教学方案、教学设计、教育教学论文等方面，而研究解决教育教学实际问题的方法或策略偏少。

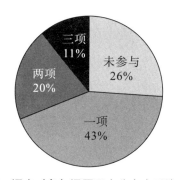

图 3 调查对象与课题研究分布扇形统计图

（三）现有成果库看法

在成果库是否有适合调查者需求的调查中，25% 的教师认为有，75% 认为没有。在对知网与万方的优势调查中，20% 的认为方便，好查找；15% 的认为内容丰富，想要的都能找到；其他选项占 65%。在对知网与万方的不足调查中（多选题），65% 的认为查找不方便；55% 的认为成果较少，需要查询的内容不好找；43% 的认为成果不成系统；42% 的认为成果太庞杂；40% 的认为成果良莠不齐；54% 的认为资源太贵。在查询方式调研上，18% 的认为方便，45% 的认为不方便，其他 37%。在"目前常规查询方式中能否有效查询到省内学校做过的相似研究"问题中，11% 认为通常可以，19% 的认为通常不能，70% 的没有查询过。可见，目前供教师使用的成果资源库属综合性、通用性的资源库，对教育的针对性不强，更新也不及时，使用需要支付一定费用，不能满足各层次教师在经济适用、对口选择方面的不同需求。

（四）成果共享看法

教师对成果共享方式的看法中，65％的愿意无偿共享，35％的不愿无偿共享。在成果资源共享付费认识上，39％的希望仅对注册用户开放，47％的希望向所有使用者开放并收取价格较低的费用，其他看法占14％。在成果分享激励措施中（多选题），53％的希望物质激励，66％的希望精神激励，20％的希望政策激励，9％的选择其他激励方式。可见多数教师愿意无偿把教育科研成果与他人共享，也反映出部分教师希望自己的成果能得到不同形式的奖励或肯定，以体现对教育科研成果价值的尊重与认同。

（五）目前成果检索

在教育科研成果检索方式上（多选题），27％的以作者人名检索，29％的以期刊名检索，80％的以主题词检索，35％的以理论检索，11％的利用其他检索方式（见图4）。教师对当前成果库不足之处的看法上（多选题），67％的认为是收费问题，36％的认为成果数量不多，31％的认为入选成果类别单一，30％的认为入选成果质量不高，40％的认为网站 UI 界面太复杂，查找不方便，27％的觉得加载速度较慢，9％的选择其他影响因素。由此可见，教师们认为目前成果查找检索方式较为复杂，希望能便捷、快速、精准检索到自己需要的成果；现有成果资源库入选成果类别相对单一，成果数量不多，质量不高，加之收费等因素，一定程度上影响了教师在成果资源下载与分享上的用户体验。

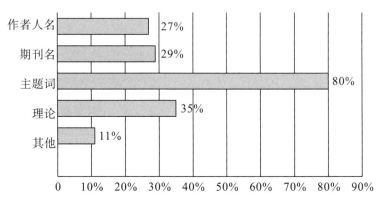

图4　调查对象检索成果资源方式条形统计图

（六）关注成果情况

教师在查找教育科研成果时，55％的关注操作措施，20％的关注研究报告框架结构，8％的关注研究范式，15％的关注理论支撑，2％的关注其他（见图5）。成果入选资源库后（多选题），46％的关注下载率，34％的关注转载率，67％的希望能得到专家指导，40％的关注后期持续更新，22％的关注经济效益，10％的关注其他方面。这说明部分教师知识结构单调，特别在教育教学、教育科研理论方面尤为薄弱，当前成果资源库缺乏教育专家与一线教师对接指导和互动研讨的平台，教育类成果类别单一，更新也不够及时，供教师们学习借鉴的教育科研报告的结构范式和推广运用的操作性成果不多。

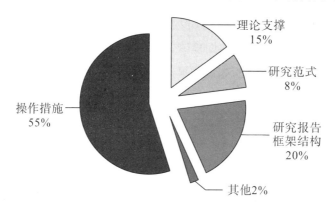

图5 调查对象对成果关注情况扇形统计图

（七）成果需求建议

教师们希望成果收录的类别方面（多选题），10％的希望收录决策建议，33％的希望收录开题报告，56％的希望收录研究报告，44％的希望收录教育教学论文，26％的希望收录专著，58％的希望收录教学设计（见图6）。在教师们理想中的成果库功能方面（多选题），46％的关心资源储存，73％的关心成果资源检索，52％的关心在线阅读，82％的关心资源下载。在平台成果收录上，31％的认为可采取用户自主储存，25％的认为采取协议代存储等。说明进入"互联网＋教育"时代，构建专业性强、内容丰富、信息化程度高的教育科研成果资源库，利用互联互通平台实现教学教研、学习培训、成果资源共享是教师们的迫切需求。

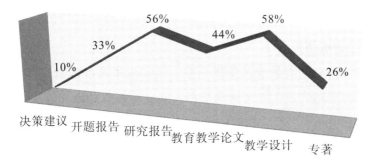

图6 调查对象希望成果收录类别折线统计图

四、思考与建议

针对目前我市教育科研现状，结合问卷调查分析结论，对我市教育科研管理和成果资源库信息化建设，提出以下建议意见。

（一）建立区域内教育科研成果"信息化资源库"

市区教研部门要顺应时代发展要求，积极创建区域性教育科研成果资源库，广泛收集学前教育、义务教育、高中教育、职业教育等优秀教学成果，持续更新成果资源，并供免费下载使用，对成果完成人可给予一定奖励。资源库创建学习借鉴、推广应用、意见反馈、成果优化等功能。成果资源应用平台设计力求简单、便捷、精准的检索方式，用户通过注册账号能快速检索到相关成果，促进教育科研成果推广应用。

（二）建立区域内教育科研过程"管理信息平台"

市区教研部门在成果资源库建设中，设立教育科研过程管理信息平台，对区域内立项的各级教育科研课题的研究动态实施网络管理，包括开题论证、中期评估、结题鉴定、成果申奖等过程性的研究情况和课题管理部门的意见、建议、结论，并将这些过程性资料一并录入信息化管理平台，通过信息化手段对课题组进行跟踪调查、督促检查、指导优化，确保教育科研成果的生成质量。

（三）建立区域内教育科研"互动研修平台"

1. 建立需求调研平台

为捕捉教师对教育科研的需求信息，增强成果资源的针对性和有效性，在成果资源库中建立成果需求调研平台，通过平台对教师开展需求调研、结果汇总、数据分析，及时掌握教师们需求情况，对资源库成果进行实时补充、更新、优化。

2. 建立学习培训平台

为创新教育科研学习培训方式，开展高效、便捷的学习培训活动，在资源库中建立学习培训平台，开设专家讲堂、理论在线、成果分享等栏目，教师们通过在线学习培训，足不出户就能享受高层次教育科研知识培训。

3. 搭建科研动态平台

为传递教育科研信息，拓展教师教研视野，积极思考搭建教育科研动态平台，及时推送教育教学的新理念、新理论、新动态、新方向、新成果等信息。平台设计自动统计各内容点击率和收集教师应用反馈意见等功能，以掌握教师关注度和学习运用情况。

4. 建立网络研讨论坛

创建教育科研论坛，教师可通过讨论进行互动学习、相互研讨、合作共享、专家答疑等研讨活动，栏目可设置一对一研讨、群体研讨、专家答疑等，促进专家与教师在线对接指导。

5. 建立课题评审平台

区域性教育科研课题可以通过网络平台进行课题申报、立项审批，在平台中组织在线会议对课题进行开题论证、中期评估、结题鉴定等评审工作，实现课题研究管理信息化，提高教育科研的运行效率。

（四）建立区域内教育科研"信息分析系统"

把立项课题研究的过程研究资料、相关学科教学成绩、教师个人成果、课题团队成果等，上传到信息分析系统；通过大数据进行整理分析，对课题实施情况进行动态分析，并把评估报告自动反馈给课题研究人员。

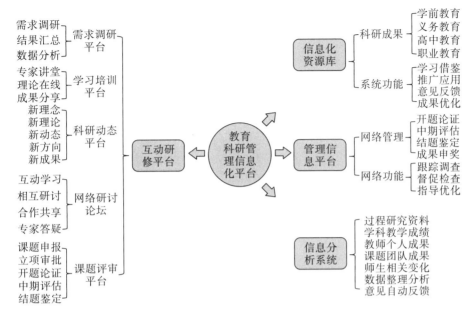

图7　自贡市教育科研管理信息化建设构想思维导图

（五）加强业务培训提高教师教育科研能力

目前我市教育科研普及率不够高，持续研究课题和研究高层次课题的人不多（未参加课题研究的教师占26%，参加过两项课题研究的占20%，参加过三项以上课题研究的占11%，参与国家级与省级课题研究的占6%）。希望各级教育行政部门和学校要加强教育科研宣传和奖励力度，让教师认识到教育科研在教学教研、专业成长和学校改革发展中的重要作用，增强参与教育科研的主动性、积极性。各级教研部门要加强教育科研培训指导，提升教师教育科研理论水平和教育科研研究能力。

五、结束语

教育信息化和现代化是"互联网＋教育"的时代要求，作为教育科研管理部门应当科学谋划区域内教育科研管理信息化建设工作。充分利用信息化管理平台，提高中小学教育科研普及程度，使教育科研更加趋于大众化、常态化；利用信息化管理平台，提高教育科研成果的应用推广率，使更多优秀教学成果在更大范围内产生教育教学效益；利用信息化管理平台规范教育科研常规管理，优化管理功能，提高服务效能，更好地做到教育科研为教育教学服务，为教师专业成长服务，为学校改革发展服务。

自贡市教育科学研究所课题组

2019 年 9 月 29 日

附件三

四川省教育科研成果库使用说明书

一、首页

1. 成果首页显示最新入库的成果内容，以及热门关键词、热门下载的成果内容，还有最新评价。用户登录后可对成果进行对比、下载、收藏和评论等操作。

2. 成果概况

点击成果名称，进入成果概况页面，可选择成果背景、成果内容、成果创新等进行查看，也可点击全屏查看或者下载成果后查看，如下图所示：

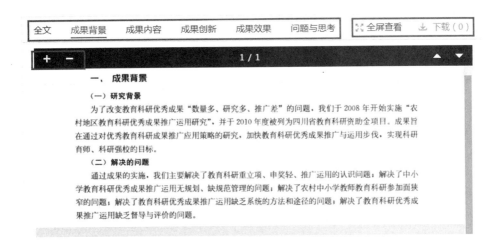

二、查询

1. 选择相应的查询索引，输入文字，点击按钮，即可查询相应内容的成果，如下图所示：

2. 点选相应条件进行筛查成果，页面将自动显示筛选后的成果内容，如下：

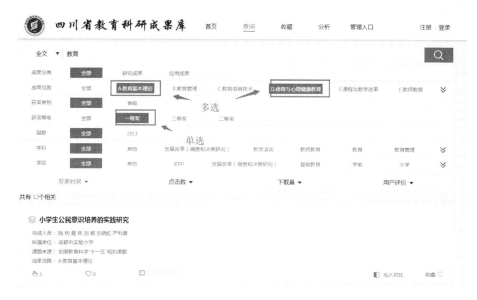

检索结果以列表形式显示成果名称、完成人员、所属单位以及成果的推广应用情况等信息，同时还可以按"发表时间""点击数""下载量""用户评价"对检索到的成果进行排序。

三、对比

1. 筛选出多项成果后，可点击"加入对比"进行成果内容比较（最多加入 4 个成果进行对比），点击比较后如下图：

点击成果加入对比

2. 在成果对比页面，可选择成果比较指标内容，勾选后直接显示相关对比内容，下次再进行成果对比时会根据上一次选择的比较指标来显示，如下：

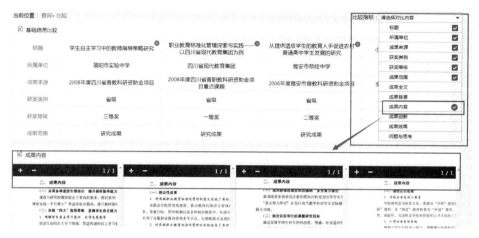

3. 在成果对比页面，也可删除不需要进行比较的成果内容，如下：

四、下载

用户查询时，可以在线浏览成果有关内容。浏览过程中，会显示具体某一个相关的成果，同时会在页面左侧显示"相关推荐""热门关键词"和"谁收藏过（这一成果）"。

点击"下载"按钮，可以下载成果，供检索者线下参考使用。

五、收藏

用户登录后可对成果进行收藏，在收藏夹里可查看所有收藏的成果内容，如下图所示：

六、评论

　　用户登录后，可以在检索到的成果浏览页下面，查看其他用户对成果的评论，也可以发表自己对成果的评论意见。

⊟ 评论信息（1）

👤 李丽 2020/4/1   评分：⭐⭐⭐⭐⭐

　　参加过该课题成果展示现场会，效果不错。

✍ 发表评价

请写下对该作品的宝贵意见

评分： | 发表 |

七、统计

用户点击"分析"按钮，选择一定的条件，可以对库中成果进行相应的统计。

同时，还可以在首页查看成果库的总体运行情况和库容成果数量。

附件四

教育科研成果库的课程化建设

李明隆　成都市龙泉驿区教育科学研究院

教育科研是用先进的理论、科学的方法进行育人的探索与行动。随着教育科研的有效推进，在实践中产生了诸多高质量的教育科研成果。近年来，各地也在积极建设具有专业管理和资源储存特点的教育科研成果库，力求为教育科研管理、研究搭建支持与服务的平台。从现有的建设情况来看，相对而言，虽然教育科研成果库的学术形态比较完整，但成果的资源形态还比较单一，技术形态和教学形态还比较模糊。这使得教育科研成果库小众化、边缘化的特点突出。教育科研成果库课程化建设，它要求在录入教育科研成果时，需要提供现有成果推广使用的培训课程。基于教育科研成果推广的现状、成果库建设的新定位与使用过程，以课程化思路进行成果库建设可实现、可运行。

一、教育科研成果推广的主要困境

（一）教育科研成果推广的现实困境

党的十八大以来，国家对教育科研成果推广应用十分重视，在多次重要会议上都强调了教育科研成果推广应用的价值。目前教育科研成果推广的方式主要从上而下进行推广。它主要以教育主管部门为主体，一般由教育局或教科院组织推广。这样的推广模式，往往有开局热闹、中间走样、结果回到原样的问题。究其原因在于，有的成果是领导层研究产生的，缺少坚实的群众基础；有的成果专家指导虽然很到位，但基础研究不足，脱离一线教育教学；有的成果虽然品质优秀实操性强，但推广过程中远离了教师视野。因此，教育科研成果推广，不仅需要获得教育主管部门的支持，还需要获得一线教师认可，能在具体教育教学中的实践方面来设计和推进。

（二）教育科研成果库推广成果意义重大

教育科学研究的直接产出是教育科研的成果，新时代对教育科研成果赋予的价值是指导教学、服务决策、完善制度、引导舆论。高质量的教育科研成果不仅是创新理论的过程，还是将成果转化为教案、决策、制度、舆论等的过程。如果教育科研成果不实践、不推广，它则只是一个文本，要真正将教育科研成果转化为教育的行为、效果，则需要将其投入实践中，使其生根发芽结果。将教育科研成果转变为教师持续深化的教育行为，是成果推广运用的关键一环。因为教师才是落实教育教学改革的关键，才是教学成果落地的中坚力量。不经过教师的消化运用就很难发挥成果真正的实践效益。

"教育科研成果库是指按照一定的理论框架和分类方式，将科研活动产出的规律理论和行动方案等成果，用传统纸质媒介和新兴信息技术相结合的手段，归纳、整合在一起所形成的资料、资源集合。通常情况下，各领域成果库是构建形成该领域以及全面知识库及其历史痕迹的必然形式，它既是有关成果管理工作的重要基础，同时也是新的研究工作者了解同类相近研究进展和结论的重要资源。"[1] 简单地说，教育科研成果库是科研管理和科研学习的平台。

教育科研成果库的建设，一方面能很好地收集、归类各项成果，搭建优质成果集平台。另一方面，能为教育科研的管理者、研究者、学习者提供学习的资源。基于课程化视角设计的教育科研成果库，它要求在录入教育科研成果时，需要提供现有成果推广使用的培训课程。它为教育科研成果的推广，提供了培训教师的目标、内容、实施、评价等方面具体操作要求。这样的实施过程，能帮助教师认同、理解、体验、实践已有的教育科研成果，能最大

---

① 王真东. 中小学教育科研课题成果库建设及应用研究——以四川省为例［C］. 全国教育科规划课题开题报告会，2017，06：7.

地发挥成果的可复制、可操作的作用。

二、教育科研成果库建设的创新定位

教育科研成果库与其他行业成果库有着明显的区别。教育科研成果库作为资源库的一种，它不仅承载着成果的收集与归档作用，还要承载着为教育教学改革、教育事业发展、教师专业提升和学生学习与发展的支持作用。因此，新时代背景下，教育科研成果库需要创新其价值定位。

（一）教师专业技能培训的平台

中小学教育科研成果库既然是集中了各种优秀的教育教学改革理论和技术成果，它就应该成为传播教育科学技术、培养各阶段教师的重要平台，为不同层次的教师发展提供培训的资源和丰富的培训课程：既可以提供初入职教师解决教学问题的教育思想和操作技术（因为很多教学成果本身就为新教师提供了可供选择的发展路径和方法），又能为骨干教师解决科学研究问题提供可选择学习的科研知识和方法。

（二）成果推广运用与监测的平台

在数据时代，所有的行为都可以被记录和再现。已经结题的课题投放到成果库中，借助一定的数据记录方式，就能发现它被浏览的次数和阅读观摩的时间，还有观摩的人数，是哪些地方的人在阅读和学习，还能发现这些成果在哪些新的课题研究中被提及和借用，以及借用和提及的分量。这就为判断一个成果的社会效益提供了直接证据。也就是说，它能不能被广大教师接受并传播，就可以成为成果评奖的重要依据。那就比评奖前各自去开一些"人情化"的推广证明更有力量。

（三）服务教育决策和咨询的平台

中小学教育科研成果库如果只是供教师和科研工作者使用，其对教育改革发展的作用显然是不足的，它还必须能成为人民政府和教育管理部门进行科学决策的重要智慧库。这就要求成果库建设时必须关注教育发展的相关调研成果和各级制定政策相关依据及成果形式的收集，并能为区域教育决策提供依据库存资源进行的智能化分析服务。"智能化"使它能整合多位专家、多项成果的核心观点，提出合情合理的建议。

以上三项功能定位，体现了教育科研成果库服务教育发展、服务学校发展、服务教师发展包括服务学生发展的基本主张，也体现了提升成果库社会效益和满足教育发展的必然要求，这突破了小众化、边缘化的桎梏。

三、学习使用教育科研成果库的一般过程

教育科研成果库是广大教师学习、理解和消化成果理论与技术的重要场域。在这里，尊重教师已有的经验和理解，掌握其认知发展的规律，对其功能发挥非常关键。建构主义理论告诉我们，充分暴露教师已有的经验和想法，能更好地帮助教师建构起对学习内容的主动认知与感悟。因此，需要经历以下几个步骤。

（一）对教育科研成果形成价值判断和整体认知

这要求成果提供者与使用者之间充分沟通，在这个过程中，成果提供者要回答使用者的各种疑问和顾虑，弄清使用者的理解和想法并有针对性地进行辅导；使用者要力求全面而准确地理解成果提供者的主张和主要的技术，并将自己实施可能面对的各种情况进行陈述。在这个阶段一定要拿出真实的数据、普遍的效果，包括对数据和效果的客观分析，列举操作成功的系列人物典型，呈现自然状态的课堂情境，让学生说学习体验等。这个阶段的培训形式主要是会议交流、观摩学习、成果报告会等。

（二）在成果提供者指导下体验、学习、运用成果

根据成果转化的形态和转化机制，引导使用者尝试体验以准确领悟成果的技术和教学形态。王富英等老师认为"教学成果具有学术形态、技术形态和教学形态"[①] 三种形态，在成果推广中必须选择适合的成果样态，才能实现成果提供者和使用者之间的有效对话。在这个阶段一定要简明扼要地讲解要

---

① 王富英，叶超，吴立宝. 教育科研成果推广应用中的形态与运行机制 [J]. 教育科学论坛，2018（28）：40－42.

领，用使用者熟悉的话语系统和理解习惯引导其体验，降低学习难度，突出操作的便捷。这个阶段的培训形式主要是跟岗学习，现场感受以及有方案的体验操作。

（三）在合作与独作的方式下内化成果的理念与技术

成果提供者和使用者都必须明确成果转化的内在原理，即成果推广应用过程就是教师内化（认同、接受、消化）、转化（加工、改造观念和技术）、变化（教育实践、达成目标）、深化（总结提炼、超越创新）教学成果的过程。这样，可以提高使用者的元认知水平，有利于增加学习的效益。具体操作是：首先，使用者跟随成果提供者实践，然后使用者和成果提供者共同实践，最后是使用者独立实践，而成果提供者考核评价。在这个阶段成果提供者与使用者应该达到基本的默契，使用者完全认同成果的技术和效果，基本掌握教学成果的核心内容。这个阶段的培训方式是师带徒，共同研学"教学的课程"。

（四）在现实"土壤"中对成果进行评价与二次转化

"成果提供者对使用者的理解和操作进行评价和个性化辅助，使用者对成果提供者的技术进行评价和二度转化。"[①] 让使用者理解和运用成果并不是成果推广的最终目的，最终目的是让成果推广达成其价值追求和社会效益，而实现这个目的的关键就是必须转化为使用者自己的实践和创新行动。所以，成果推广的最后是实践效益评估。这个阶段的培训方式是现场研讨，质疑思辨与彼此的创新点发现。

四、教育科研成果库课程化建设的要求

当今时代信息技术快速发展，"互联网＋"改变了人们的生产、生活和学习方式，使资源和智力服务已经突破了时间、地点、历史背景、生活阅历的限制。但也发现，虽然学习借助移动终端已变得随时随地自由自在，但学习课程的本质却难以发生改革。如果用课程的视角去看教育科研成果库，就会

---

① 胡燕. 教育科研成果推广的意义、困难与支持策略［J］. 教育科学论坛，2017，04：36-38.

发现，资源的富集并不能解决成长的问题。如果把资源库作为个性化培训教师的平台，它就缺少了核心的载体，即学习的课程。即使是有智能的投送，但如果不解决学习内容的序列和难度、理论与实操、学时与评价等路径和保障问题，就无法为教师的个性化发展提供可行的路径。因此，教育科研成果库课程化建设有必要进行，具体的操作要求如下：

（一）提高入库条件——成果需有配套的培训课程

教育科研成果库可以为教师提供专业化发展的服务平台，它的这种服务又是推广成果的网络平台和资源库，它不能是简单的成果资料的呈现，必须要具有可互动、可推进、可评价的特征。这就要求教育科研的研究者在完成研究之后，持续开展成果推广和课程推广的研究，悉心收集成果培训课程建设和推广中的问题，形成问题清单，系统建构针对性的辅助资源。

教育科研成果完成后，把成果提交到教育科研成果库时，需同时提交两项资料。第一是成果推广的培训课程实施方案。实施方案需明确成果的性质、特点、适宜的人群。要有明确的成果推广培训的目标、内容的达标要求。要有明确的成果推广培训内容和资源序列以及补救方法等。成果推广的培训课程，也需要具备实施实用化、趣味化、游戏化、评价多元化等特征。第二是成果推广课程的操作指南。围绕成果基本内容，为不同爱好、兴趣的老师提供多种课程内容。内容呈现方式可以是图表展示、知识问答、备课操作、教学模拟、评价学生、评价教师等。教师在操作过程中如果出现某方面的问题，系统可以给出提示和帮助，并推送相应的成果学习内容。

（二）实现智能推送——定目标，配课程，作评价

教育科研成果库具有存储、重组、生成、提取等技术功能。在建立起成果的教师学习课程或培训课程后，需要建构起对所有成果进行分类、编码、索引、推送、跟踪、反馈、统计等技术链接和数据处理模块。这样一来，成果使用的培训课程就成了教师个性化学习最新教育科研成果的重要载体。其学习流程是教师勾选基本信息——系统分析给出几种方案（类型、学时、考评方式等）——教师选择自己喜欢的方案——系统完成目标定制，推送几项

不同成果的课程——教师勾选他人评价高或自己喜欢的课程进入学习——系统与学习教师互动，促进其深入理解——教师完成课程学习，进行相互评价——教师通过实践进行课程整体评价。

在以上的过程中突出了成果库智能推送的三个方面。一是定目标，体现了教师培训的引导功能。目标不由教师自己定，而是系统根据教师阶段特点自动确定。二是配课程，体现了个性化定制的特点。教师发展目标确定后，可能有多项科研成果的课程都能达成该目标，这就由教师自己来选择。三是作评价，体现了培训的达标意识。教师的学习课程又是科研成果的培训课程，对教师的学习进行评价就能反馈课程的学习难度和实施效果。

实现成果库的智能化，在具体的技术开发上突出三个特点：一是智能诊断。引入人工智能系统，对教师进行精准的学习能力、经验基础、个性特点、兴趣爱好的分析，以便于在教师已有经验和理解的基础上实现其自主建构。二是智能推送。根据教师学习的理解程度和水平，针对性推送科研课题的辅助性资源。三是智能评估。能准确判断教师已达到的程度，进行鼓励和指导。

五、教育科研成果库课程化支撑其商业化运行

教育科研成果推广的效果不佳是由使用者和成果提供者双方的原因造成的。使用者对成果的认可度、经验基础和理解能力不足，加上成果推广方没有"好学"的培训课程，都会导致成果的推广效果不佳。纵观通过商业运作的研究成果或技术成果，它们都有一个相同的特点，即系统而完整的培训课程。试想，如果抽取了这个培训课程，而改为教育科研成果推广的会议、跟岗，那么成果推广的成功率将大大减少。

成果推广的商业化，可以更好地保护教师的创新能力和知识产权，激发起创新创优的欲望，突出尊重知识、尊重创新的时代主流价值观，能更好地推动教育事业的创新发展。同时，成果推广培训课程走向商业化，能更好地调动使用者的元认知，从而提高成果学习的自觉性和主动性，因为是自己购买的有偿服务，对成果的重视程度会提升。教育科研成果库课程化建设，使成果的标准化学习成为可能，这为教育科研成果商业化运行提供了有力的支持。

2016 年 12 月 1 日，第五届全国教育科学研究优秀成果奖颁奖大会暨全国教育科研管理工作会议在北京召开。会议明确提出，教育科学研究包括理论生产和成果转化应用两个阶段，理论生产阶段结束后，要将成果转化为教案、决策、制度和舆论。

四川省教育科学规划办副主任、四川省教育科学研究院科研管理所所长王真东研究员敏锐把握教育科学研究的新时代要求，提出"如何运用信息技术手段，为中小学教育科研提供成果展示平台，助力成果向中小学教育教学实践转化"命题。2017 年初，他组建团队，开始论证"中小学教育科研课题成果库建设及应用研究——以四川省为例"的研究方案。同年，课题成功立项为国家社会科学基金"十三五"规划教育学一般课题。

在四川省教育科学研究院的大力支持下，研究团队查阅了大量有关文献，在四川省中小学教育科研和管理工作长期积淀的智慧基础上，对中小学教育科研及其成果库的理论进行了深入剖析，进行了"四川省教育科研成果库"网络系统的建设实践。在研究成果的创新性、系统化、实用化上，研究团队进行了为期五年的倾力合作探究，发表了"基于实践逻辑的中小学教育科研课题成果探微"系列学术论文，形成了《中小学教育科研成果库建设与应用》一书，将在四川省中小学教育科研战线产生积极深远的影响。2022 年底，课题通过全国教育科学规划办的结题审核，评级为"良好"。

教育科学研究面对的往往是复杂的问题，离不开多元知识背景的团队力量协同。其中，本书框架是团队多次研讨形成的；第一章由王真东主笔，第二章由杨贤科主笔，第三章由郭斌、朱雪林主笔，第四章由尧逢品主笔，第五章由刘怀明、易恩主笔，王霞、王姗、朱殿庆、伍建清、蒋先梅、郭霞、陈洪、杨吉敏、邹昌淑、李明隆、曾旭玲、查雨竹、熊伟珍、甘奎参与了其他部分的撰写。王真东负责全书总体框架和统稿，杨贤科协助全书统稿及后期审校，陈兴中在全书统稿和审校中付出了大量努力。在此对以上教育科研同人表示由衷感谢。